JN411342

하나의 반쪽

김남주 수필집

들어가며

세월이 강물처럼 흐릅니다. 조용히 흐르는가 싶다가 때론 바위에 부딪쳐 경풍을 일으키고, 장대비를 맞으며 온몸에 상처를 입다가 해님이 손 내밀면 잔잔히 흐릅니다.

70년 인생 전반이 그랬고, 후반 10년도 다르지 않습니다. 내 삶의 전반부가 역사라면 후반부는 미래를 설계하는 시간이라 여겼습니다. 그런데 태풍이 몰려와 강물은 한바탕 용트림하더니 이내 유유히 제 길을 찾아 편안하게 흐릅니다.

후반부 시간 속에서 지도해주신 고故 정연자 시인, 문광영 문학평론가와 수필가의 이름을 달아주신 윤재천 수필가 세 분 스승께 감사의 인사를 올립니다. 고맙습니다.

이름을 걸고 글쓰기를 시작하는 동안은 앞만 보고 달려온 지난 시간들을 디딤돌 삼아 새로운 도전을 시도해 보았습니다. 잊었거나 버려지면 안 될 것 같은 이야기들, 빠르게 변화 발전하는 시대 흐름의 현상들을 찾아내어 다듬고 가꾸고 빛내어 내 안에서 새로운 모습으로 광채를 품는 보람을 꿈 꿨습니다.

그러나 파킨슨씨병과 마주하며 여기까지가 아닌가, 의구심으로 시간의 효용이 필요하다는 느낌을 갖습니다. 변명으로 핑계를 대며 스스로 나태해진 일상을 채근하여 오뚝이처럼 되려합니다. 앞으로의 내 삶이, 이야기가 살아가는 힘이 되고 위안이 되는 글로 치환되어 독자와 공감의 동행이 되고 싶습니다. 선입견 없이 담백하게 찾아가기를 기대하며 평론 없는 민낯으로 첫 번째 수필집을 내놓습니다.

그동안 「사임당문학」「현대수필」「현대수필문인회」「이화여대동창문인회」「경인문예」「좋은 수필」「한국문협 인천지회」 등 동인지와 정기간행물에 발표했던 글들을 수정 보완하고, 미발표 작품을 더하여 함께 묶었습니다.

여러 분야에서 지도와 배려, 위로와 격려로 용기주신 분들께 감사드립니다.

수필집이 나오기까지 수고한 사랑하는 아들 삼형제 가족이 있어 뿌듯합니다.

표지 그림과 삽화를 그려 글에 윤기를 주고, 지쳐 있을 때 기 세워주는 하나의 반쪽이 곁에 있어 행복합니다.

긴 시간 지체했음에도 제때 발행해준 다인아트 윤미경 대표와 편집팀에게 감사드립니다.

2020년 4월

김남주

차례

반쪽도 하나

희망은 진실이다

내일을 여는 아이들

흐르는 시간, 정지된 시각

반쪽도 하나

• 풍경
• 설날의 세뱃돈
• 시구문 안 고향집
• 하나의 반쪽
• 마중물
• 해우解憂
• 추억 속 내 아이들
• 꿈이 자라는 딸기
• 삼인 사각
• 다듬이 소리
• 메타세쿼이아 울타리
• 인천 사랑 – 두 편의 시(미추홀, 수도국산 달동네)

풍경

산뜻한 공기에 맑은 기운이 넉넉한 수유동에서 사십여 년을 살아왔다. 그런데 큰아들이 인천으로 이사를 간 후, 우리도 아들네 근처로 이사와 첫 번째 설날을 맞이하게 되었다.

늘 설날이 다가오면, 주부들이 신경을 써야 하는 것이 음식을 장만하는 일이다.

불현듯 여러 생각들이 떠오른다. '바다가 가까운 인천인데 식단을 바꾸자. 육류를 없앨까? 아들며느리며 손자들까지 좋아하는 육류를 없앨 수는 없지. 갈비찜의 양을 반으로 줄이고 대신 아이들이 잘 먹는 소라와 새우튀김을 늘리면 되겠다. 도미찜과 북어찜은 어른용으로 하고, 문어는 삶아 초장에 찍으면 맛이 있겠지. 마늘소스에 무친 해파리냉채도 넉넉히 하자.' 이런 저런 요리를 궁리하는 것이 즐겁다.

우리 집 설음식은 믿음이 깊으신 시어머니의 뜻에 따라 유교식 상차림이 아닌 자손들이 좋아하는 음식으로 상을 차려왔다. 어머니가 돌아가신 후 나도 설 차례상을 부모님이 생전에 즐겨 드시던 음식을 더하여 그대로 따라하고 있다.

이제 우리 부부가 칠십 줄에 들어섰고 큰아들이 사십을 넘겼다. 둘째와 셋째도 배가 나오기 시작하는데 식단에 신경을 써서 나온 배를 줄일 수 있게 해 주어야 한다. 특히 명절에는 과식하기 십상이니까.

"어머니, 아직 설 식단이 안 붙었네요?"

설이 일주일밖에 남지 않았는데 식단표가 없다고 큰며느리가 재촉하는 것을 보면 조바심이 든 것이다. 이미 갈비며 국거리용 양지와 엿기름은 장만해 놓았다. 양념거리도 대충 준비되어 있으니 내심 느긋했는데 걱정이 되었던 모양이다.

퇴직을 하고 1년이 안 될 즈음 시어머님이 병석에 드셨다. 나이 육십이니 웬만한 며느리면 살림을 척척 해내겠지만 40여년 직장생활에 살림을 익힌들 얼마나 제대로 했을까? 항상 어설프고 시답지 않았다. 그래서 나의 방식대로 생각해낸 것이 기본식단이다. 한번 식단표를 짜

놓으면 행사 내용에 따라, 계절에 따라, 필요에 따라 식품을 조절하고 식단을 변경해서 쉽게 응용할 수 있는 장점이 있다. 시어머니 돌아가시고 며느리 셋을 본 지금까지도 유효한 내 방식이다.

설 식단을 정리하여 식단표를 만들고 냉장고 문에 붙여 놓았다. 준비가 된 식품에는 동그라미를 그려놓아 알 수 있게 표시도 했다. 그제서 며느리는 안심이 되는 듯했다.

"어머니, 큰 준비는 다 해 놓으셨네요. 야채와 어시장 가는 일만 남았어요. 시장 가실 때 저 데려가 주세요."

맏며느리라는 자리는 누가 뭐라고 하지 않는데도 집안 대소사大小事나 명절 같은 때는 자신이 해야 할 일인 것처럼 느끼고 걱정을 하게 된다. 나도 그랬었다. 시어머니께서 식재료 준비를 거의 해 놓으시고 야채며 떡 같은 당일치기만 남았는데도 매번 불안하고 미흡했다.

설 이틀 전에 갈비 손질을 하고 갈비찜을 했다. 식단에 맞추어 식품을 준비하는 일 외에 갈비찜과 떡국용 국, 식혜를 만들어 놓는 것이 내가 할 일이다. 그것만 준비해 주면 정해진 식단대로 해나가는 것은 며느리의 몫이다. 큰며느리는 빠르게 할 일을 챙겨보고 아랫동서들에게 일을 분담시키며 순서대로 진행시켜 나간다.

설 전날은 일요일이었다. 눈이 온 뒤라 연안부두 어시장은 차와 사람들로 가득하고 질퍽한 길거리는 어수선했다. 그러나 어시장 안은 크게 붐비지 않았다. 불경기 탓인 것 같아 한편 걱정스러운 마음도 들었다. 활기차게 외쳐대는 호객 소리나, 손길을 잡는 눈 맞춤도 없어 쓸쓸했다. 그래도 더러는 사람들과 이리저리 부딪치며 준비할 해물과 아들네, 동서, 시누이들에게 줄 명란젓을 숫자대로 샀다. 순간 아이들과 함께 노량진 수산시장에 갔던 생각이 슬며시 떠오른다.

수유동에서 노량진 수산시장을 가려면 버스를 타고 돈암동까지 가서 전차로 바꿔 타야 노량진역에 닿을 수 있었다. 벌써 30여 년 전의 일이다. 남편은 어린 아들들에게 활기 넘치는 새벽 수산시장의 모습을 보여주고 싶어 했다. 사람들이 잠들어 있을 깊은 새벽인데, 수산시장은 이미 경매가 끝나 있다. 그곳에서 낙찰 받은 생선을 자랑스럽게 들여다보며 만족해하는 상인들의 행복한 표정을 본다. 그들은 두세 평밖에 안 되는 가게에 생선을 진열하거나, 가게가 없는 이들은 난전에서 좌판을 펼쳐놓고 손님을 기다린다. 일에 부대끼며 힘차게 새벽을 여는 주인공들이다. 그 곳은 삶에 대한 강인한 생명력이 돋보이는 곳이었다. 빠르게 움직이는 손놀림, 살피듯 지나가는 사람들에 눈을 맞추며 손님 맞을 준비가 다 되었다는 표정을 짓고 있다.

어찌되었건 남편은 설이 돌아오면 하루 전 날 세 아들을 데리고 새벽 수산시장으로 갔다. 그곳에서 해산물을 사들고 다시 노량진역에서 전차를 타고 돈암동으로 와 수유동행 버스를 갈아타야 집으로 올 수 있었던 고된 일을 몇 해 동안 계속하였다. 그 시절에는 버스보다 전차가 안전했다. 노량진 가는 버스도 없던 때였다. 큰애와 둘째 아들이 국민학교(현재 초등학교) 아동이었고, 셋째는 유치원에 다닐 때인 듯싶다. 세 아들은 손발이 시리고 콧등이 발갛게 얼어붙은 채 머리에서 더운 김이 모락모락 피어나도 춥다거나, 싫다는 말없이 아버지를 따라 몇 년을 그렇게 다녔었다. 장성한 지금, 아들들이 살아가는데 산 경험이 되었을 것이다.

집에 들어서니 둘째아들네가 와 있다. 이어 셋째네와 두 동서들이 오고, 설 준비할 일꾼이 다 모인 셈이다.

녹두빈대떡 고명과 만두소는 항상 둘째동서의 몫이다. 시어머니 생전에도 손맛 좋은 둘째동서가 늘 맡아 해왔다. 이제 이 일을 물려줄 때도 되었는데 며느리 중에서 선뜻 맡겠다고 나서지 않는다. 세월이 더 필요한가보다.

전이며, 튀김이며, 나물거리며, 잡채거리, 생선 손질이 하나둘씩 되어간다. 모두 둘러앉아 만두 빚을 준비를 하고 손주들을 불러 모았다. 초등학교에 들어갈 만큼 성장했으니 만두 빚는 재미와 추억을 만들어주고 싶다. 손주들이 옹기종기 모여앉아 고사리 같은 손으로 조물락조물락 만두를 빚는다. 여러 종류의 동물과 송편 같은 밤 모양도 보인다. 토끼를 닮은 만두는 아무래도 개구쟁이 수민이가 빚은 것 같다. 아이들은 만두를 빚는 게 아니라 놀이를 하듯 바지에 밀가루 범벅을 하고도 까르륵 웃어대며 재미있어 한다.

자정이 가까워서야 일을 마쳤다. 이 밤만 지나면 설날이다.

어린 시절, 설 전날 밤에 잠을 자면 눈썹이 하얗게 센다는 유모의 말에 밤을 새우다 잠이 들었는데 아침에 거울을 보니 정말 눈썹이 하얗게 세어 엉엉 울던 생각이 어렴풋하다. 요즘 손주들에게 설 전날 잠들면 눈썹이 하얗게 세니 잠자면 안 된다고 하면서 눈썹에 밀가루를 뿌려놓으면 곧이들을까?

남편은 서재에서, 우리 삼동서가 안방에 잠자리를 잡았다. 작은방에는 며느리와 손녀들이 복작거리며 잠들었고, 거실에서 아들과 손자들이 곤한 꿈에 떨어져 있다.

새벽이 성큼 문 앞에서 서성이고, 설날이 새 기운을 안고 똑똑 두드린다. 새해 아침이 환하게 열리고 있다.

설날의 세뱃돈

설날 아침은 언제나 훈훈하고 화려하다. 설악산 골짜기처럼 집안 가득 생기가 돌고 희망이 넘친다. 한복을 곱게 차려 입은 아이들이 저마다 은근히 뽐내고 있다. 손자 둘에 손녀가 셋, 다섯 아이들은 서로 마주보며 꽃같이 웃는다. 손자들은 명절 때만 입는 한복이 멋쩍은 듯 수줍어한다. 그래도 손녀들은 누가 더 예쁜지 경쟁하듯 언니를 쳐다보고 동생을 내려다보며 제 모습에 취하여 자랑하기에 여념이 없다. 꽃밭이 따로 있나, 아이들이 꽃인데….

차례茶禮상을 올리기 전 남편과 우리 삼동서가 맞절로 덕담을 주고받는다. 새해인사를 나눌 때면 슬며시 시어머니 생전의 단아한 모습이 떠올라 마음이 벅차다. 먼저 세상을 뜬 둘째시동생도 그립고, 가슴이 아릿하다. 설날 아침에는 의식 저편에 숨어 있던 그리움이 잠시잠간씩 찾아든다. 서기瑞氣로워야 할 새해 첫날이지만 애틋하고 아련하다.

결혼한 큰아들 내외부터 조카들까지 서열 순으로 세배를 한다. 어느 새 모두 일가를 이룬 아들이 설이면 으레 봉투를 건네주며 고마움을 표하여 기쁨을 준다. 벌써 세월이 이렇게 흐른 것인가? 성장한 자식들이 주는 위로금은 어느 누구의 것보다 진하게 퍼지는 커피 향처럼 든든하고 행복하다. 우리도 세배를 받으며 며느리와 친정에 온 조카딸에게 특별히 준비한 세뱃돈을 준다. 내 친정아버지가 하셨던 방식 그대로 실천하고 있는 것이다.

언제부터 우리나라에서 설날에 세뱃돈을 주기 시작하였는지 정확한 문헌은 알 수가 없다. 다만 조선조 순조 때 홍석모洪錫謨(1781~1857)가 기록해 놓은 『동국세시기東國歲時記』에 세시풍속에 대한 기록이 있을 뿐이다. 설날에는 웃어른에게 세배를 하고, 웃어른은 떡과 술, 과일 등으로 대접하며 덕담을 주고받는 풍습이 있었다고 전한다.

세뱃돈에 대한 풍습은 중국에서 왔다고도 한다. 설날에 세배를 받으면 결혼을 하지 못한 이들에게 붉은색 봉투에 돈을 넣어 "돈 많이 벌라"는 격려의 뜻으로 주었다고 한다. 이 풍습이 일본으로 건너갔다가 일제 강점기에 우리나라로 들어왔는데, 해방 이후 세뱃돈으로 바뀌어 새 풍속이 된 것으로 알려져 있다.

그러나 나의 친정아버지께서 주신 세뱃돈에는 특별한 의미가 담겨 있다. 남자들과 달리 대부분의 며느리나 딸은 결혼을 하는 순간부터 이제껏 살아온 부모, 형제들 곁을 떠난다. 그때부터 결혼한 남편과 함께 낯선 환경에서 새 부모와 형제들을 만나 생활하게 되는 것이다. 자랄 때 익혀온 생활 방식과 풍습을 뒤로 하고 새로운 질서 속에서 살아간다. 그 뿐이랴, 시댁의 가풍을 익히고 측은지심으로 배려하며 사는 동안 더욱 가문을 든든히 일으키는데 지혜와 정성을 들인다고 여기셨다. 그같이 애쓰고 수고하는 며느리나 결혼하여 제 몫을 다하고 있는 딸에 대한 기대와 고마움을 칭찬하셨다. 그리고 정표로 위로의 마음을 담아 설날 아침에 특별히 주는 격려의 세뱃돈이다.

요즘 세대들의 생각이나 생활 패턴으로는 옛이야기에 불과할지 모르겠다. 그러나 그 시절에는 한 집안이 일어서고 넘어지거나, 평안한 것은 새로 맞아들이는 며느리에 달렸다는 생각이 지배적이었다. 또 종손으로 문중을 이끄셨던 아버지의 사려 깊은 배려가 녹아 있는 절차였다. 시대가 변하여 핵가족화 하는 요즘의 세태이지만 아버지의 마음을 헤아리면서 지키고 싶고 닮고 싶은 심정으로 실천하고 있다.

손주들은 제 각각 받은 세뱃돈에 싱글벙글 한껏 신이 났다. 나름대로 계획도 다양하다. 읽고 싶은 책을 살 것이라며 으스대고, 통장에 넣겠다며 자랑한다. 엄마에게 맡겼다가 크리스마스 때쯤 불우이웃돕기에 쓰겠다는 기특한 말도 한다. 세뱃돈의 쓰임새가 무지개 색처럼 곱고 다채롭다.

우리 품에서 육촌까지 가족이 늘어 8인용 교자상 세 개를 펴도 모두 함께 앉기가 비좁다. 대가족 삼십여 명이 넘는 숫자이니 좁은 대로 겹쳐 앉는다.

설 차례는 평소 시어머니의 뜻에 따라 예배 형식이다. 어머니가 떠나신 지금도 그 뜻을 새겨 그대로 하고 있다. 시작 기도를 드리는 큰아들은 항상 할머니가 기뻐하실 거라는 믿음을 갖고 기도한다. 오랜 세월 할머니의 보살핌을 받으며 자란 아이들의 간절함이 녹아 있기 때문이다.

8·15 광복 후의 혼란 속에서 한일관계가 극도로 악화되자 미처 일본에서 귀국하지 못한 시아버지와 생이별을

할 수 밖에 없었던 시어머니. 혼자의 몸으로 육남매를 키우고, 맞벌이 며느리를 안심시키며 손자들까지 길러주신 우리 시대 어머니의 표상이셨다.

아들의 기도가 끝난 후 남편이 가족들에게 새해의 소회를 덕담으로 들려주고 재잘대는 아이들 속에서 설날 아침상을 물린다. 가족은 기쁜 일이 있거나, 슬픈 일이 생길 때, 어려움을 당하는 일이 있어도 서로 기뻐하고 위로하고 극복하며 보듬는 사랑의 핵이 아니겠는가? 새해를 맞는 아침에는 더욱 경건하게 마음을 가다듬는다.

오후에 둘째시누이네 여섯 식구가 새해 인사를 왔다. 인정 많고 따뜻한 둘째시누이는 시어머니께서 병석에 계신 이후로 거의 보름마다 죽이며, 반찬이며 음식을 솜씨대로 정성스럽게 만들어왔다. 지금은 퇴직한 남편과 아들 내외, 손녀딸과 행복하게 살면서 명절 때마다 큰오빠 집에 오는 것을 당연한 기쁨으로 여기며 자랑스러워하는 살가운 시누이이다.

"아이들 세뱃돈 얼마씩 해요?"

들어서며 어린아이마냥 들떠 묻는다. 나는 매년 아이들에게 줄 세뱃돈의 기준을 세우고 그에 맞추어 봉투를 만든다. 시누이들도 친정에 오면 세뱃돈을 얼마 주어야 할지 즐거운 고민을 했는데 우리가 정한 기준을 일러준 다음부터 부담 없어한다. 유아부터 구분하여 유치원, 초등학생, 중 고등학생 순으로 금액에 차등을 두고 연령에 맞는 대우(금액이 적어 빡빡하다고 불만이지만)를 한다. 아이들이 은연중에 질서를 익히고, 세뱃돈의 의미와 그 소중함을 알았으면 하는 기대를 하면서….

나에게도 꿈같은 유년의 시절이 있었다. 어머니가 색동으로 지어주신 복주머니를 한복 허리춤에 달고 새벽부터 세배를 하겠다며 졸라댔다. 새해 아침에 부모님께 세배를 드리고 받은 세뱃돈은 복주머니 속으로 들어가고, 특별히 써 본 적 없이 고스란히 어머니께 드렸던 기억이 난다. 받는 즐거움만 알았을 뿐 돈 쓸 줄 모르던 어린 시절이었다.

결혼한 후에도 친정아버지는 설에 인사를 가면 문갑 안에 넣어두었던 봉투를 꺼내어 세뱃돈을 주셨다. 빳빳한 새 돈이 든 봉투에는 딸의 이름과 외손자들의 이름이 나란히 쓰여 있고, 이름 아래 금액이 적혀 있다. 많은 액수는 아니었지만 아버지는 돌아가시기 전까지 당신의 며느리들에게 하셨던 것처럼 출가한 딸에게도 그렇게 챙겨주셨다. 출가한 딸도 한 집안의 며느리로 수고한다는 덕담과 함께. 이제는 가슴에 묻어둔 옛 일이 되었으나 그 뜻을 잊지 않고 내가 지금 내 아이들에게 이어주고 있다.

사람 사는 모습이 예전 우리가 살던 시대와 많이 달라졌다 하더라도 부모의 마음이 크게 변하지는 않을 것 같다. 아마 며느리도 내 나이쯤 되면 설날 아침에 받아든 세뱃돈의 뜻을 되새기지 않을까, 욕심껏 상상해본다.

내년에는 빡빡하다고 투정부리는 손주들의 세뱃돈을 조금 올려주어 함박웃음이 호박꽃처럼 피어나게 해주어야겠다.

시구문 안 고향집

서울이 고향이라고 말하려니 왠지 어울리지 않는다. 그래서 아버지의 고향이며 나의 본적인 강릉을 고향이라 말해왔다. 지금은 남편의 고향이 내 본적이 되었으니 내가 태어나고 자란 곳과 고향은 무관한 것이 아닌가? 그래서 이제 서울 출생이라 하고, 서울을 고향이라 말한다.

내가 태어난 곳은 서울의 북촌마을 가회동이다. 아버지가 강원도 강릉에서 서울 올라와 사신 곳이 가회동이었고, 거기서 내가 태어났다고 한다. 그러다가 8·15 광복이 된 후에 중구 광희동 2가로 이사하였다. 광희동 집은 내 어린 시절이 빛나던 요람이었고, 대학 들어갈 때까지 이십여 년 넘게 살았으니 고향이라 말 하는 것이 마땅하다.

광희동 집은 시구문 성 안쪽에 위치해 있는 양옥이다. 시구문屍軀門은 1396년 조선조 태조가 도성을 축조할 때 동남쪽에 세운 성문으로 광희문으로 불렸다. 그런데 도성 안에서 사람이 죽으면 이 문을 통해 시체를 밖으로 내보냈다고 하여 속설로 시구문이라고 했다. 1975년 서울의 성곽 복원사업으로 지금은 처음 붙여진 광희문 현판 이름을 되찾고 성문과 성곽이 모두 복원되었다.

그러나 나의 유년 시절에는 시구문의 성문 지붕과 성문이 부서진 아치형의 통로와 허물어진 성벽뿐이었다. 죽은 시체를 내다 버렸다는 어른들의 이야기를 들어 음산한 느낌을 주었던 시구문 안쪽 성벽이었다. 하지만 성벽은 이 동네 아이들의 유일한 놀이터였다. 그곳에서 아이들은 숨바꼭질하고 공기놀이를 하였으며, 평평한 곳에서는 사방치기며 땅빼기로 해지는 줄 모르게 놀았다. 어느 때는 성벽 위에서 비를 흠뻑 맞다가 갑자기 무지개가 나타나 신기해하기도 했다.

우리 집은 한길에서 십여 계단을 올라와야 대문이 나오고 한길 쪽으로 어른 두 길쯤 높은 긴 담장이 둘러져 있다. 봄에는 병아리 입모양을 하고 노랗게 넝쿨져 핀 개나리꽃이 길 가는 이들의 인사를 받을 만큼 곱다. 대문 안으로 들어서면 오른쪽에 은행나무 한 그루가 은행은 맺지 못해도 음전하게 자라고 있다. 그 앞으로 여러 그루의 향나무가 어우러진 곳에 흰색 석등이 서 있고, 마당

안쪽으로 통통하고 작은 회양목과 철쭉이 둥그렇게 꽃밭을 감싸는 아담한 정원이다.

봄이 되면 어머니는 꽃밭을 가꾸어 봉숭아 꽃씨며 과꽃, 나팔꽃, 맨드라미, 분꽃, 채송화꽃씨를 뿌렸다. 꽈리와 장미, 작약과 국화를 모종하던 일이며, 싹이 틀 때까지 어머니를 따라 아침저녁으로 물을 주며 꽃이 피기를 기다린다. 마당 옆 담장 아래로 조그만 채마밭도 어머니의 또 다른 소일거리 중 하나이다. 아버지가 집에 들어오지 않은 다음 날이면 어머니는 핼쑥한 얼굴로 꽃밭과 채마밭에서 하루 종일 떠나지 않았던 기억이 난다.

여름에 들어서자, 어머니의 꽃밭은 매일같이 색색의 빛깔로 화려하게 수 놓은 꽃방석을 펼쳐 놓은 듯 온통 향기로 가득하다. 어머니와 함께 나팔꽃의 여린 줄기가 잘 뻗어가도록 줄사다리를 만들어 주고, 밤에는 손톱에 봉숭아꽃물도 드렸다. 꽈리가 열리면 꽈리를 만들어 불고, 과꽃이며 맨드라미를 한 아름 따서 꽃병에 꽂아놓는 것이 즐거웠다. 담장을 덮은 개나리의 푸른 잎이 갈색으로 바뀌고 은행나뭇잎 사이로 솔솔한 바람이 옷깃에 스며들면 서서히 가을이 오고 있다는 신호였다.

또 은행나무 옆으로 큼직한 좋의 집이 보기 좋게 놓여

있다. 두 귀가 꼿꼿이 서고 갈색털이 고운 수캐 쫑이 사는 집이다. 쫑은 남동생이 정성스럽게 2년여를 돌보며 키운 자랑스러운 친구다. 비가 내리던 그 날 길 건너 수철네 은색털이 빛나는 메리에게 달려가던 중 트럭에 치어 저 세상으로 떠나갔다. 열 살 소년은 숨이 끊긴 쫑을 안고 한없이 울면서 은행나무 아래 고이 묻어준 슬픈 사연도 떠오른다.

사랑하며 돌보던 짐승도 곁을 떠나면 그 슬픔이 상처로 남는 것 같다. 그래서인가, 쫑이 묻힌 은행나무에는 은행이 열리지 않는다.

"유모, 우리 은행나무는 왜 은행이 안 열려요?"

은행나무에 은행이 달리지 않는 것이 쫑 때문은 아닌지 궁금했다.

"우리 은행나무는 아빠 나무예요. 엄마 나무는 길 건너 중국인마을에 있는데 아직 키가 덜 자라 마주볼 수 없어요."

"중국인마을에 있는 나무가 은행을 만드나요?"

"중국인마을의 은행나무가 우리 은행나무를 마주볼 수 있을 때 은행이 열려요. 나중에 은행나무가 자라면 그곳에 가서 봐요."

그 때는 유모의 말을 이해할 수 없었다. 그러나 우리 은행나무 때문에 중국인마을의 은행나무에 은행이 열린다는 것은 기쁜 일이었다.

슬프기는 했으나 쫑과 은행나무는 모두 자연의 순리에 순응하며 그들의 사랑을 찾아 떠난 것은 아닌지? 아무리 귀여움을 받아도 제 짝을 만나려는 쫑의 마음이 위험한 찻길을 겁내지 않고 모험을 감행하였다. 중국인마을의 은행나무에 은행이 열렸는지 확인하지는 않았지만 유모의 말을 그대로 믿고 싶다.

어머니의 가슴 속 응어리를 풀어내준 향기로운 꽃밭과 채마밭이 있던 곳, 은행나무 아래 묻힌 쫑에 대한 아련한 슬픔이 있는 시구문 안 고향집. 은행이 열리지 않는 숫은행나무와 중국인마을의 암은행나무는 이제 조우遭遇했을 것이다. 시구문이 아직껏 으스한 느낌에 젖어 있다 해도 시구문 안 고향집은 내 유년 시절을 윤기로 입혀준 한편의 동화로 남아 있다.

가을이 가까이 왔나보다. 은행잎이 인도에 차곡차곡 겹쳐 폭신한 보료 같다. 지난 세월과 함께 새삼 기억되는 이야기들이 고향집 풍경 안에 담겨 새롭게 다가온다. 살아온 세상살이도 그와 비슷하지 않았을까 되돌아보면서.

하나의 반쪽

가을비가 사과향처럼 상큼하게 내렸다. 후드득 떼 지어 날던 가로수 노란색 잎들이 바람을 타고 길 위에 융단처럼 포근하게 누워 있다. 노란 온기가 따뜻하게 가슴으로 밀려들자 차마 그대로 발을 디딜 수 없어 까치발로 걷는다. 마치 새색시처럼 그의 손에 이끌려 한 발작씩 내딛는다.

"보기 좋으세요."

낯모르는 중년의 여인이 지나가다 돌아보며 말을 건넨다.

"고마워요."

나는 여인과 눈을 맞추었다. 그도 함께 목례目禮를 한다.

집에서 작전역까지 걸어서 십오 분이면 족하다. 늦은 여름, 파킨슨병이란 진단을 받은 후로 그의 손을 잡고 걸어도 삼십 분을 넘긴다. 택시를 탈 때도 있지만, 운동 삼아 걷는 것이 나에 대한 그의 배려이다.

푸른 천막을 쳐놓은 듯 구름 한 점 없는 맑은 날이다. 하늘빛과 닮은 와이셔츠 물색이 잘 어울려 산뜻하게 보이던 남학생은 대학 일학년 때 만나 오늘까지 듬직하게 내 곁에 있다.

6·25전쟁을 치룬지 몇 해밖에 지나지 않던 시절, 여기저기 전쟁의 상흔이 남아있다. 전후의 서구 사회도 우리나라와 비슷하게 피폐한 양상을 보여 무신론적 실존주의 철학자 사르트르와 카뮈의 현실 반항의 실존주의 문학이 사회적으로 한창 공방을 일으켰다. 그 영향으로 대학가에도 실존주의 철학과 문학이 화두가 되고, 그와도 곧잘 입씨름으로 열을 올리며 시간을 줄여갔다. 전쟁이 끝나고는 사회 각계에 퍼진 도전적, 실리적 경향은 여전했다.

그러나 나에게는 대학 생활의 꿈이 커가는 시기이고, 더욱이 낭만주의 사조에 매료되어 있었다. 특히 그의 대학 강의실에서 김남조 교수의 시론詩論을 도강盜講하던 경험은 지금도 가슴 두근거리는 재미를 던져준다. 가끔씩 대학생들이 낙원처럼 여기는 르네상스 음악감상실에서

〈드보르작크〉의 "유모레스크"며 〈비발디〉의 "사계"를 함께 들을 땐 구름 위에 떠 있는 것처럼 더없이 감미로웠다.

대학을 졸업한 해 그는 바로 군에 입대하여 삼년을 마쳤다. 처음 논산훈련소에 간 지 이틀 만에 편지가 왔다. 훈련소 밖에 있다는 조그만 전방廛房 주소라 했다. 훈련이 계속되는 동안에도 우리는 전방 주소로 편지를 주고받았다. 편지가 들키기라도 하면 곤욕을 치르는 위험한 모험을 감행한 것이다.

훈련이 끝나고 제주도 모슬포로 배치되어 전역할 때까지 그 곳에서 군 생활을 하였다. 어쩌다 휴가를 받아 여객선에 오르면 멀미로 얼굴은 흰 파도가 넘실대고, 집채보다 높은 너울이 덮칠 때도 서울 갈 생각에 견딜 수 있었으며, 부산에서 곧장 완행열차를 갈아타면 어느 새 용산역에 닿았다고 웃는다. 견우직녀가 만나듯 두 시간여의 짧은 만남을 위해 그는 사흘 동안 그렇게 고생을 잊은 듯 즐거운 마음으로 다녀간다.

병역을 마치고 우리가 결혼하기까지 9년의 시간이 필요했다. 아버지의 사업이 부도가 나면서 나는 갑자기 우리 집 가장이 되었고 그의 형편도 비슷했기 때문이다. 그 오랜 시간 우리는 부산과 서울에 떨어져 있으면서도 요즘 젊은이들처럼 프로포즈나 결혼 약속을 할 줄 몰랐다. 약속이나 맹세 같은 것을 하지 않아도 헤어진다는 생각을 감히 하지 않았다. 그저 소중한 사람을 귀하게 여기며 믿는 마음으로 지낸 시간들이었다. 사랑하는 이에 대한 예의와 믿음이 있기에 가능했던 것이리라.

기나긴 여정을 끝으로 결혼식을 올렸다. 맞벌이 주말 부부로 몇 년을 지내는 동안 서로에게 편지로 격려하고 마음을 가다듬으며 달래었다. 지금은 튼실하게 자란 세 아들이 있어 든든하고, 삼형제 모두 내 품을 떠나 새 둥지를 틀고 가정을 이루면서 다섯 명의 보석들까지 안겨 주었다.

부부는 칠천 겁劫의 연緣이 쌓여 이루어진다고 범망경梵網經은 설한다. 고대 그리스의 전설에도 원래 사람은 남자와 여자가 합쳐진 하나의 몸이었는데 점점 힘이 강해지면서 신들을 공격하자 제우스가 다시 둘로 갈라놓았다. 반쪽이 된 그들은 다른 반쪽을 찾아 헤매고 그리워하며 영원히 한 몸이 되려는 열망을 갖게 되었다고 한다.

칠천 겁을 돌아 나는 잃어버린 내 반쪽을 찾았다. 아침마다 그와 함께 눈 뜨고, 매일같이 새로운 모습을 읽는다. 날마다 새롭게 반려가 된다.

늦게 찾아온 불청객 파킨슨 씨는 내가 소원했던 반쪽의 마음을 가끔씩 경험으로 알도록 일러준다. 눈으로 볼 수 없는 아주 작은 것도 마음의 눈으로 보면 보인다는 사실을. 밤마다 잠 설치며 허망하게 꿈속을 헤매는 반쪽의 고통을 반쪽도 묵묵히 감당하고 있다는 것을. 그래서 파킨슨씨병이 머뭇거리며 뒷걸음하고 있는 것 같다.

칠십을 넘기고 팔십이 지난 남편과 병든 아내, 혈기방장血氣方壯하던 기운이 희미해지고 애틋한 시절의 안타까움도 지나갔다. 그러나 마음속에 간직해온 훈기는 고통을 견디며 함께 헤쳐 나간다는 믿음을 갖게 한다. 고린도전서 13장처럼 사랑과 인내를 사모하는 마음으로 그렇게.

마중물

머리부터 목줄기까지 온통 땀범벅이 되어 집에 들어섰다. 한여름의 불볕더위가 수그러질 만도한데 식을 줄 모르게 달아오른 열기는 집안을 더욱 화기로 채웠다.

마당가 펌프 물받이 옆에 세워놓은 허리높이의 큰 오지항아리. 어머니는 그 안에 자갈을 채우고 계셨다. 이마에서 얼굴로 땀이 비 오듯 흘러내린다.

"어머니, 이렇게 푹푹 찌는데 무얼 하세요?"

"이제 오냐? 물에서 쇳내가 나는 것 같아 정수통을 만들었다."

어머니는 독 안에 깨끗한 망사를 깔고 그 위에 가는 모래를 채운 후 자잘한 자갈과 숯, 굵은 모래를 켜켜이 올린 다음 맨 위에 큰 자갈로 마무리를 하며 손을 털던 중이었다. 독 아래쪽에 구멍을 내어 수도꼭지를 박고, 가장자리를 시멘트로 돌려 물이 새지 않도록 조치도 해 놓았다. 펌프에서 쇳내가 난다며 물을 거르는 정수통을 만든 것이다.

1960년대의 우리나라 수도 사정은 전국이 고르지 않았다. 내가 살던 수유리도 대부분 마당 한편에 펌프를 박고 지하수를 끌어올려 식수로 사용하였다. 깔끔한 성격에 부지런한 어머니는 펌프가 오래되고 녹이 슬어 쇳내가 난다며 쇳내 나는 물을 식수로 쓸 수 없다는 것이다. 어머니의 남다른 위생 관념이 이 더운 날에 일을 내고 만 것이다. 무엇이든 미루지 못하고 힘이 들어도 혼자 손으로 해결하는 습관이 몸에 배인 듯싶었다.

어머니는 결혼 후 아버님을 따라 일본에서 사셨다고 한다. 8·15 광복이 되면서 부산으로 귀국하였는데 아버님은 사업을 정리하기 위하여 일본으로 가신 후 당시의 상황이 삼팔선처럼 오도가도 못하는 현해탄을 만들어놓았다. 아버님과의 생이별이 현실이 되고 기다림은 고통으로 쌓여갔다. 어린 육남매를 혼자의 손으로 키워야 하는 절박함과 하루하루 생활의 두려움이 당신 스스로 감내해야 할 몫이 되었다. 그로부터 어머니는 혼자서 처리하는 일에 익숙해진 것이다.

정수된 물은 식수로 사용하고, 펌프물은 허드렛물로

쓰면서 맞벌이 장남 부부가 수도 있는 작은 주택을 마련할 때까지 정수통 모래갈기는 계속되었다.

조그만 키에 갸름한 얼굴, 까만 피부색을 지닌 어머니는 유난히 큰 눈이 돋보이는 고운 분이었다. 그러나 어린 육남매와 살아가야 할 막막한 현실이, 계속되는 역경에 마주치면서 곱던 예전 모습은 어느 새 사라지고 강한 의지로 지탱하는 나날의 삶이었다.

둘째 아들이 간암으로 어머니 곁을 떠났을 때도 참으로 강인하게 견디셨다. 당신의 약한 마음이 혹여 남은 자녀들에게 걱정을 주지 않을까, 아프게 하면 어쩌나 하는 염려에 저려오는 가슴을 쓸어안았던 것이다. 훗날 어머니는 "그때는 눈물도 나지 않더구나." 긴 한숨을 내쉬며 눈가를 닦으시던 모습에 가슴 절절했던 기억이 떠오른다.

살아가면서 찾아오는 슬픈 일들은 여러 모양일 수 있지만 그때나 지금이나 공통된 아픔은 부부 간의, 부모자식, 형제 간 피붙이의 뜻하지 않은 이별일 것 같다. 전혀 예상하지 못했던 이별이라면 더 큰 슬픔을 주고 고통으로 남는다.

아버님이 안 계신 빈자리가 육십여 년 긴 세월만큼 응어리졌을 어머니. 떠나보낸 아들을 가슴에 묻고 밤마다 쓰린 아픔으로 하얗게 지새우던 그리움은 묻어둔 채 견딘 이십여 년의 세월. 그 고통을 인내할 수 있었던 힘은 오직 남은 자식들의 사는 모습에서 위로받고 신앙생활로 위안을 얻으셨으리라 짐작할 뿐이다.

맞벌이 자식을 위해 어머니는 손자 셋을 정성껏 보살피며 안정된 집안을 꾸려가셨다. 어느 부모가 어려운 시절에 자식을 돌보지 않을까마는 어머니의 헌신이 없었다면 우리가 집안을 일으키기까지 더 오랜 시간이 걸렸을 것이다. 더욱이 아이들 삼형제의 돌봄이 마음 놓고 직장생활을 할 수 있게 하였음은 두 말할 나위가 없다.

내가 퇴직하던 날, 조촐한 퇴임식장에서 어머니는 너무도 당당하게 앞자리에 앉아계셨다. 삼십여 년 가까이 우리 가정을 지키고 손자들을 보살펴 내가 집안 걱정 없이 직장생활을 마칠 수 있게 했다는 어머니 자신에 대한 당당함이리라. 오늘의 퇴임식이 마치 어머니의 퇴임식인 양 편안한 모습이다. 어머니도 며느리의 퇴임식에 맞추어 당신의 임무가 끝났다는 홀가분한 심정이었는지도 모른다.

퇴임 후 어머니의 건강을 챙기는 일이 나의 일상이 되었다. 많이 연로해진 어머니는 살림을 놓은 후로 이곳저

곳 건강에 적신호가 왔다. 치과로, 안과로, 특히 이비인후과는 이틀거리로 치료를 받아야 했다. 그렇게 한 해 동안 병원을 다녔지만 결국 신부전으로 힘든 투병생활이 시작되었다. 오 년여 가까이 복막투석과 혈액투석을 받으면서도 흐트러진 모습을 보이지 않고 감당한 어머니. 자식들에게 고통스럽게 보이지 않으려는 듯 의연함도 늦추지 않았던 어머니셨다.

여든여덟이 되던 해, 대상포진이라는 괴물이 느닷없이 찾아들었다. 오랜 투병으로 많이 쇠약해진 어머니는 결국 괴물을 이기지 못하고 우리 곁을 떠나셨다.

아카시 향기 상큼하던 그 오월의 맑은 아침. 자식들의 든든한 버팀목으로 마감하신 당신의 삶은 남겨진 우리들의 영원한 마중물이셨다.

한 바가지의 마중물이 지하의 맑은 물을 끌어올려 풍성한 물줄기를 퍼부어주듯 기꺼이 마중물로 사신 어머니. 외롭고 고통스러웠던 질곡의 시간들을 모른 척 외면하고 자식을 향한 일념으로 평생을 견디신 어머니. 깊은 밤 고이 잠든 어린 자식들을 위로삼아 힘겨루기 하셨을 한 여인의 일생을 안타까운 마음으로 돌아본다.

가끔씩 벽에 걸린 어머니의 사진을 바라보며 생전에

다하지 못한 미흡함이 부끄럽다. 힘겹던 삶의 고비마다 지혜를 일러주신 흔적들을 이제야 깨닫는 미련함도 탓하여 본다.

어머니는 지금도 끊임없이 마중물이 되어 우리의 갈증난 목줄기를 시원하게 축여주고 있음을 조금씩 깨달아가고 있다.

해우解憂

"아버지를 등에 업으니 가슴이 따뜻해오네. 옛날엔 내가 아버지 등에 업혔었는데---."

"어머니도 이제는 아버지를 용서하시겠지?"

남편의 목소리가 여느 때와 달리 조금 가라앉아 있다. 그에게 아버지는 미움이었고 생각조차 하고 싶지 않은 분이다. 칠십에 일곱을 더한 지금까지도 그랬다. 그런데 오늘따라 아버지의 한 줌 밖에 안 될, 그것도 합에 담겨진 채 말 없는 아버지의 유골을 등에 업고서 애잔한 마음이 드나보다. 하늘나라 어머니께서 아버지에 대한 원망을 접고, 섭섭함도 내려놓게 해드리고 싶은 심정까지 이는 것 같다.

햇볕이 제법 따갑다. 공원묘지에도 바람에 실려 오는 비릿한 나무 내음이 여름맞이 채비를 하고 있다. 사방이 초록빛으로 빛나고, 아카시 향기가 묘지 사이사이로 인사하듯 스며든다. 가끔씩 세월의 흔적처럼 바람이 장단을 맞추며 목덜미를 간질이고 스쳐간다.

모란공원에서 경춘선 마석역까지는 걸어서 이십여 분. 평일이라 전동열차 안은 대학생으로 보이는 젊은이들로 가득하다. 앉아 있던 학생이 남편에게 자리를 양보해준다. 옆의 학생도 일어서며 나에게 앉으라고 한다. 자리에 앉은 남편이 무릎 위에 올려놓은 배낭을 가슴에 끌어당겨 꼭 안는다. 아버지의 체취를 느끼는 것인가? 아니면 그동안 쌓여있던 원망들이 풀어지면서 그리움에 젖어든 것일까? 5월 20일. 음력 윤삼월의 마지막 날인 내일 아침에 고향으로 가서 선산에 계신 어머니와 합장할 예정이다.

일제 강점기에 시아버님은 부산과 일본을 오가며 사업을 하였는데 8·15 광복이 되고 사업을 정리하기 위하여 일본으로 건너간 후 귀국할 수 없었다고 한다. 그로부터 어머니와의 긴 이별이 시작되었다.

몇 년이 지나도 한일 관계는 화해의 기미가 보이지 않고, 현해탄은 무심히 막혀버린 바다가 되어 어머니의 가슴에 돌무덤을 올려놓게 하였다. 어머니는 기다림에 지치고, 생활고에 멍들어가는 동안 혼자의 힘으로 여섯 남매를 키우게 되었으니 말로 다할 수 없는 눈물의 시간들이었으리라. 얼마나 힘드셨으면 아버님에 대한 며느리의 물음에 아무 말씀 없이 그저 침묵으로 일관하셨을까!

한일 국교가 원만해지던 1970년대 초에 일본에서 아버님이 돌아가셨다는 연락을 해왔다. 그리고 얼마 후 일본에 살고 있던 재당숙의 유해를 한국으로 옮기며 아버님 유해도 함께 모시겠다는 기별이 왔다. 당시 우리는 결혼한 지 얼마 되지 않은데다가 경제적으로도 어려운 시기였다. 우선 서울 근교인 모란 공원 납골당에 유해를 모시고 일년이 한참 지난 뒤에야 장지를 마련하여 이장을 하였다. 그 즈음 어머니는 "이 다음 나는 기독교 묘지에 묻히겠다."고 하시며 아버님과의 합장 자리를 거부하여 안타까웠던 기억이 어제같이 생생하다.

깊은 신앙심으로 어려운 고비를 슬기롭게 넘기며 고통을 참아내고 외로움을 외면하듯 당신 스스로를 다스려 오신 어머니. 신부전으로 5년 가까이 혈액 투석을 받으면서도 흐트러지지 않고 언제나 의연함을 잃지 않으셨던 어머니였다. 그러나 오랜 병석에 찾아온 대상포진은 끝내 견디지 못하고 고통스럽게 우리 곁을 떠나가셨다.

시간은 사람의 마음을 무디게 하고 고통도 바래지게 하나보다.

병석에 계실 때 큰며느리를 많이 의지했던 어머니께 나는 가끔씩 "아버님은 어떤 분이셨어요?"라고 여쭈었다. 그럴 때면 많이 쇠약해진 눈가에 아련히 기억을 더듬듯이 천정을 응시하며 말씀하신다. "네 시아버지는 마음이 따뜻하고 정이 많은 분이셨다. 자식들을 무척 아끼고 잘 놀아주셨지."

어머니의 마음이 훨씬 누그러지고 아버님에 대한 미움이나 원망보다 그리움이 이는 듯싶었다. 오랜 믿음의 생활로 감정을 절제하며 다스려온 어머니였다. 그러나 여섯이나 되는 자식들, 며느리에 사위까지 곁에 있어도, 손주들의 재롱에 웃음이 넘쳐나도 마음 속 깊숙이 자리잡고 있는 빈자리는 누구도 채워줄 수 없는 한 분의 몫이 아니었을까? 어머니는 아버님의 훈훈한 정을 그리워하며 지난날의 즐거웠던 기억들을 추억하고 계신 것은 아닌가 하는 안타까움이 전해 오던 때가 있었다.

생전에 어머니께 아버님과의 합장이 어떠시냐고 말씀드렸다. 어머니도 여러 번 들어서인지 나중에는 아무 말씀이 없으셨다. 아버님에 대한 용서와 묵인의 뜻이라 여기기로 했다.

집에 도착하여 안도하였다. 멀리 저녁놀이 아파트 베

란다에 걸렸다. 한 번도 뵌 적 없는 시아버님이 오늘따라 황금빛으로 물든 서쪽하늘과 닮았다는 생각이 든다. 남편은 서재의 한 옆 책상 위에 유골함을 모셔놓고 감회가 이는지 아니면, 회한인지 눈가가 촉촉이 젖어 있다.

금년이 흑룡의 해라고 한다. 삼월 윤달도 끼어 문중에서 묘지 정리를 하려는데 함께 하겠느냐는 의견을 물어왔다. 우리도 오랫동안 떨어져 계셨던 두 분의 합장을 서두르게 되었다. 평장으로 합장하고, 그 위에 부모님 함자와 생몰일, 그리고 육남매 내외의 이름이 새겨진 묘비석을 덮기로 했다.

내일이면 두 분이 정답게 만나시겠지! 미움이 사랑으로 바뀌는 기쁨이 고향에서 일어나기를 기원하면서, 아침 첫차에 늦지 않도록 알람을 맞추어놓았다.

"아버님, 오늘 밤만 기다리세요. 어머니 곁으로 가시는 겁니다. 기쁘게 해우하셔야죠."

남편의 상흔도 녹았는지 잠자리에서 많이 뒤척인다. 원망의 회한을 벗고 아버지와 화해하며 보내는 집에서의 마지막 밤이 아쉬운가보다.

추억 속 내 아이들

사진첩을 정리하다 한 장의 사진에 눈이 갔다. 사진 속에는 바위에 걸터앉아 제 각기 표정을 짓고 있는 아들과 그 옆에서 힘겹게 오르는 내 모습이 보인다. 세월이 유수 같다고 하였던가? 불혹을 넘어섰어도 나에게는 그저 어린애 같은 세 아들이 어느 새 손주를 다섯이나 안겨 주었으니 효도를 받은 셈이다.

매일 할머니께서 깨끗한 옷에 맛있는 간식을 해 주어도 아이들은 출근하는 엄마를 그리워하는 것 같다. 엄마도 아침에 아이들보다 먼저 대문을 나설 때는 독한 마음으로 뒤돌아보는 일 없이 곧장 발길을 내딛는다.

유월 어느 날, 남편이 세 아이들을 앞세우고 모처럼 우이동 백운대를 오르자고 한다. 항상 아이들 곁에 있어 놀아주지 못해 안타까웠던 터였다. 다음 날 아침 일찍 김밥을 말아 도시락을 챙기고 배낭을 꾸렸다. 아이들도 한껏 들뜬 기분으로 앞서거니 뒤서거니 바람같이 달린다.

수유동인 집에서 서너 정거장만 가면 백운대로 올라가는 초입이다. 구름 한 점 없이 맑은 하늘, 바람도 쉬고 있는지 아침부터 후끈한 기운이 땀께나 흘릴 것 같다.

어디쯤 올라왔을까, 다리가 아프다며 울상을 짓는 막내를 남편은 번쩍 들어 배낭을 진 어깨 위로 무동을 태우고 올라온다. 둘째가 얼굴을 찡그리며 걷는 것이 심상치가 않다. 그러나 큰아들은 맏이 체면을 지키려는 듯 말없이 앞장서고 있지만 이마에 송글송글 땀방울이 맺혀 있다.

자잘한 돌길을 지나 제법 넓적한 바위를 만났다. 세 아이가 나란히 앉아 한숨 돌린다. 머리위로 쏟아지는 한낮의 열기에 지쳐있어 오늘의 산행은 이쯤에서 끝이 났다. 아쉬운 듯 멀리 내려다보이는 시내를 응시하는 큰아들의 깊은 눈, 조금은 힘들었을 둘째는 심술이 난 얼굴이 역역하고, 아빠 어깨에 무동을 타고 신나게 올라온 셋째는 만족한지 기분 좋은 표정이 줄줄 흐른다.

산에 오르는 것은 아들에게 호연지기를 길러주고 더 큰 세상을 바라볼 줄 아는 의지와 힘을 은연중에 익힐 것이라는 기대가 있었다.

이제 어른이 된 세 아들이 그 몫을 다하고, 토요일이면 제 아이의 손을 잡고 우리 부부를 찾는다.

"할머니!" 하고 부르며 들어서는 손주들은 구름에 가려져 있다가 환하게 나타난 달님처럼 밝고 선하다. 반짝반짝 빛나는 별 같은 손주들을 보면서 그날의 사진 속 내 아이들을 떠올리고 있다.

꿈이 자라는 딸기

겨울이 끝물인가 싶었다. 바람도 잦아들고 추위가 조용히 물러가는 것 같았는데 며칠 새 눈이 계속 내려 무릎까지 쌓였다.

아들만 셋을 키웠던 내게 큰아들 내외는 보석 같은 딸기, 두 손녀를 안겨주었다. 딸아이와 계집아이의 겹친말이라는 딸기는 딸 둘을 둔 엄마를 부르던 딸딸이엄마 대신 새로 만들어진 말이라고 한다. 누가 만들어 퍼뜨렸는지는 알 수 없으나 재치 있고 예쁘다.

딸기 손녀 수아와 수민이는 눈 내리는 창밖을 바라보다가 어느 새 겹팬츠와 모자 달린 방수코트를 찾아 입고 장화까지 신어 중무장을 했다. 그리고 물 만난 고기처럼 아파트 마당을 향해 펄펄 내닫는다.

작은아이 수민이가 잽싸게 눈 위로 몸을 날려 한 바퀴 구른다. 이어 다시 일어나 쌓인 눈 위로 구멍을 파기 시작한다. 눈구멍이 타원으로 커져갈 즈음 수민이는 눈집이라며 하늘을 향해 누웠다. 수민이의 볼은 이미 발갛게 얼어 있었지만 두 손은 허공을 향해 꿈꾸듯이 눈을 날리고 있다. 그 옆에서 눈사람을 만들려는 수아가 눈이 뭉쳐지지 않는다며 열심히 눈을 굴리고 있다.

백년 만에 내린 폭설이라고 했다. 신문마다 눈 폭탄을 쏟아 부은 것과 같다고 대서특필했다. 특히 이번에 내린 눈은 수분량이 적고 건조하여 잘 녹지 않고, 뭉치지도 않아 내리는 대로 쌓이면서 연이은 교통사고가 잦다고 보도되었다. 눈의 무게가 가벼워 무너진 비닐하우스가 적었다는 소식은 다행이다.

눈이 오는 날에는 잊고 있던 어릴 적 추억이 살아서 찾아온다. 눈은 신나게 하루를 보낼 수 있는 좋은 놀잇감이었다. 마당이며, 장독대에 소복이 내린 눈을 동생과 함께 굴려 크게 작게 눈덩이를 만들었다. 어머니 몰래 광에서 새까만 참숯을 가져와 눈, 코, 입을 찍은 후 모자를 씌우면 눈사람이 되었다. 그 주위를 빙빙 돌다가 눈 위에 뒹굴기도 하고, 발자국으로 해바라기꽃을 만들며 해가 지는 줄 모르게 놀았다. 옷은 이미 흠뻑 젖어 뻣뻣해지고 손발도 꽁꽁 얼어 펴지지 않았다. 설익은 홍옥처럼 얼굴은 발갛게 부풀어 있는데 머리 위로 하얀 김이 모락모락 피어오른다. 분명 어머니의 꾸중을 들어야 했으나 꾸중 들었던 기억이 없다. 그러고 보면 추억이란 좋은 기억만 생각나게 하는 조화를 부리는 것 같다.

눈사람을 만들겠다고 아까부터 눈과 씨름을 하는 수아와 달리 수민이는 아직도 눈집에 누워 눈을 즐기고 있다. 눈발이 조금씩 줄어들며 가끔 바람에 날려 형체 없이 흩어진다. 조금 떨어진 곳에서 한 무리의 아이들이 긴 막대를 휘두르며 눈을 차고 달아난다. 그 때마다 눈은 깃털 같은 몸짓으로 가볍게 날린다.

얼마를 지났을까, 수민이가 눈집에서 일어나 나온다. 방수바지를 입어 눈에 젖지 않았다며 천연덕스럽게 툭툭 털며 언니 곁으로 간다.

"언니, 1학년이면서 아직도 눈사람 못 만들었어?"

"눈이 뭉쳐지지 않아. 왜 그러지?"

"눈이 신경질 났나?"

"신경질?"

"응."

수민이는 유치원 또래아이들 같지 않은 말을 가끔씩 하여 주위를 놀라게 한다. 지금처럼.

"언니, 눈사람 만들지 말고 내가 만든 눈집에 누워봐, 재미있어. 백도 해수욕장에서도 모래집을 짓고 그 속에 들어가 누웠었잖아? 눈집이 시원해. 눈에 젖지도 않아. 이것 봐. 나 눈 하나도 안 묻었지?"

"싫어. 여기가 해수욕장이니? 눈이 모래니?"

수아가 퉁명스레 한 마디 한다. 그러나 수민이는 눈밭에서 시원스럽게 밀려와 백사장을 어루만지며 밀려가던 바닷가를 떠올려 한껏 꿈을 꾸고 있었나보다. 수민이에게 바다는 보이지 않는 미래에 대한 여러 색깔의 넉넉한 꿈으로 다가왔던 것 같다.

그새 눈이 그친 하늘은 을씨년스럽도록 희뿌옇게 가라앉았다. 겨우내 앙상하게 맨몸으로 서서 봄을 기다리던 나뭇가지마다 눈꽃이 소담스레 피었다.

수아가 슬며시 수민이의 눈집에 들어가 수민이가 누웠을 때처럼 하늘을 향해 눕는다. 수아의 표정이 푸근하고 행복해 보인다. 수아도 수민이처럼 멀리서 흰 거품을 앞세워 밀려오던 파도소리와 모래로 몸을 덮고 누웠던 백도 해수욕장의 모래찜을 기억해내고 있나보다. 모래집을 허물고 간 잔잔한 물결이 시원했던 그때처럼 미소 짓고 있다.

한 차례 바람을 타고 흰 눈이 벚꽃처럼 흩어진다. 겨울이 지나면 봄이 오겠지. 계절 따라 찾아오는 자연의 순회를, 경건하게 돌아오는 질서의 믿음을 깨닫지 못하면서도 아이들은 눈과 하나가 되어 재미있어하고, 즐거워하고 신나게 놀면서 기억 저편 그들만의 꿈을 꺼내어 새 그림을 그리고 있다.

겨우내 눈꽃은 대지를 감싸 안고 새싹을 틔워 봄을 선사할 것이다. 내 딸기들이 한없이 여유로웠던 동해의 해수욕장을 찾아내듯, 비취빛 바다를 지고 새하얀 모래밭에 누워 행복해 했던 그 때처럼, 이 겨울 눈밭에서 한 뼘씩 자라고 있다. 딸기의 고은 꿈을 키우고 있다.

삼인 사각

"자매세요?"

"아니요. 동서지간이에요."

"그래요? 동서끼리 사이가 좋으신가 봐요, 참 보기 좋네요. 세 분이 닮았어요."

"이 분은 우리 큰형님이고, 여기 둘째형님, 제가 셋째에요. 우리끼리 자주 다녀요."

여행 이틀째 되던 날 아침, 같은 테이블에서 식사를 하던 친구 팀에서 궁금했던지 물어왔다. 이에 셋째 동서가 신이 나서 대답한 것이다.

우리 삼동서는 시어머님이 오 년 가까이 병석에 계시다 떠나신 후 남편들의 배려로 제주도 위로 여행을 다녀오고부터 조금 더 친숙해졌다. 3년 후에 동남아 여행을 함께 했고, 이번 8박 10일 일정의 뉴질랜드와 호주의 시드니를 여행하게 된 것이다. 부부가 여섯 쌍, 세 명의 친구 팀, 동서 팀까지 세 그룹 열여덟 명이 동행이 되었는데 그 중 우리 세 사람이 정답게 보였던 것 같다.

뉴질랜드는 화산지대의 북섬과 남극이 가까운 빙하지역의 모습을 보여주듯 호수가 아름다운 남섬으로 이루어져 전혀 다른 환경을 지닌 나라다. 그런데도 전 국토의 대부분이 넓은 초원이고, 온대지역이라는 위치적 특성에 맞추어 농업과 목축업 등 1차 산업이 발달하여 대표적인 청정국가로 알려져 있다.

2012년 4월, 인천국제공항을 떠나 처음 닿은 곳은 뉴질랜드의 북섬이다. 지금도 도시 곳곳에서 온천과 화산이 간헐적으로 일어나고 있는데 유황의 진한 냄새가 도시 전체를 감싸고 있는 듯했다. 그러나 공기는 깨끗하고 하늘은 맑고 높아보인다.

동남아 여행을 다녀온 후 5년 만에 떠나온 이번 여정은 새 기운으로 충전하기 위한 걸음이었다. 잡다한 집안일을 뒤로 하고, 일상에서 벗어나, 생각을 멈추고 머리를 비워 단순해지고 싶었다. 남편과 자식들, 귀여운 손주들까지 잊고 아이처럼 소녀처럼 자연과 마주하며 살아온 날들을 돌아보는 순수의 시간을 가져보는 것이다. 삼동서는 새로운 환경을 만난다는 기대감에 들떠 있다.

낯 설은 동행과 내내 이야기를 나누며 갖가지 새롭고 맛있는 음식을 먹는 일이 즐겁다. 드넓은 녹지대를 지날 때마다 감탄의 환성을 터트리고, 끝없이 펼쳐진 초원을 바라보면서 그 곳에 함께 있는 우리의 모습을 상상하며 행복하다. 헤일 수 없이 많은 양떼들이 풀을 뜯고 있는 평화로운 광경에 동화되어 한껏 한가로워지기도 하였다. 어느 새 자신의 마음을 들여다볼 수 있는 여유가 생기고 그 속에서 각자 자신의 그림을 그려가는 것 같다.

소녀 시절에 꿈꾸던 향기로운 빛깔은 어떤 것이었을까 물어본다.

어느 날 문득 부모 곁을 떠나 한 남자의 아내로, 한 가문의 며느리가 된 우리 삼 동서. 같은 부모에게서 태어난 형제들의 아내라는 인연 속에 형, 아우로 만나 가족의 울타리를 만들어온 우리 세 사람. 동서라는 이름으로 엮이어 사는 동안 즐거운 일, 기쁜 일, 괴롭고 힘든 일들을 묵묵히 다스리며 한 세기를 살아온 것이다. 어찌 소원할 수 있으며 비슷하게 닮아가지 않을 수 있을까?

셋째 동서는 삼남매를 두고 행복한 가정을 가꾸어 왔는데, 그만 남편이 6년 전에 신병身病으로 6개월 시한부 선고를 받아 절망해야 했던 아픔이 있다. 지금도 남편은 여전히 병마와 싸우고 있지만, 곁에서 섭생과 간호에 온 정성을 기울이고 있다. 남편 역시 병원 치료에 충실하며 몸 관리를 잘 해오고 있는 편이다. 그렇지만 말은 하지 않아도 동서는 늘 긴장 속에 숨죽여 생활하고 있다.

둘째 동서는 아직도 일에 열심인 아들 걱정에 마음 한 구석이 늘 미흡하다. 간암으로 남편을 먼저 여읜 동서의 슬픔은 그만의 것이었다. 누구도 어떤 것으로도 대신해 줄 수 없는 빈자리, 아마도 남다른 고통으로 남았을 것이다. 때때로 외롭고 문득 찾아오는 그리움에 젖어들면 아픈 가슴을 혼자 삭히고 있을 둘째 동서가 안쓰럽다. 그래도 다행히 깊은 신앙심에 자신을 다져가며 힘차게 생활하는 동서가 늘 고맙다.

이들 동서들에 비하면 나는 복이 많은 편이다. 항상 그늘막이 되어주는 남편이 든든하고, 장성한 삼형제가 저마다 안정된 둥지를 틀었고 다섯 손주까지 안겨주었다. 그래서 매일 큰 욕심을 부리지 않고 감사하는 마음으로 살고 있다. 설령 어려운 일이 닥친다 해도 주변에 의지할 만한 친지가 있고, 또 잘 극복해낼 수 있으리라는 뚝심도 있으니 행복하지 않은가.

그런 나에게 두 동서는 친구 같은 존재이다. 조그만 일이라도 이야기를 나누고 함께 고민하고 위로한다. 그래서인지 지나온 삶 속에 얽히고설킨 많은 사연들이 한 묶음으로 묶이어 온다. 한 사람의 고통은 모두의 것이 되고, 한 사람의 기쁨이 모두를 행복하게 해주는 공동체의 삶이 된 것이다. 그러기에 집안은 늘 편안하고, 형제의 정情이 돈독하여 온기가 돈다. 그러한 우리의 모습이 자녀들 마음에도 자연스럽게 스며들어 본받아주기를 내심 소원하기도 한다.

들판 여기저기에 산양들이 한가롭게 풀을 뜯고 있다. 띄엄띄엄 무리지은 검은 소떼가 정겹게 다가온다. 수사슴들의 귀태貴態나는 관冠들은 크리스마스 카드를 연상시킨다. 여기에 나지막한 주택과 끝없이 펼쳐지는 평원의 푸르른 목초지는 유명한 화가의 유화 그림 같다. 어울릴 것 같지 않은 검은 소떼와 흰 양과 사슴들이 평화롭게 살아가는 뉴질랜드 초원의 모습에서 우리 세 사람의 모습이 겹쳐진다. 세 무리의 평화로운 공존 속에 우리 삼동서의 동행이 하모니를 이루며 큰 의미로 다가온다. 절로 웃음이 날 정도로 기쁘다.

시간이 정지된 느낌의 조용한 뉴질랜드 북섬, 우리만의 시간 속에 새로운 세계를 경험하는 여행이 그저 싱그럽고 포근하다.

“형님 빨리 서요. 산이 구름에 가려지고 있어요. 어서요!”

셋째 동서는 연신 카메라를 들녘에 들이대면서 북섬에 동화되어가는 우리 일행을 찍어내느라 정신이 없다.

생활만큼이나 질긴 인연의 끈, 거기엔 서로를 믿고 의지하고 보듬어가는 신뢰의 마음이 있기에 가능하다. 마치 이인삼각二人三脚의 경주처럼 삼인사각三人四脚이 되어 지금 같은 마음으로 살아가는 우리 모습을 본다. 북섬의 연녹색 들판에서 느꼈듯이 삼인사각 경주도 더 단단하게 대오를 갖추고 인생의 결승선까지 함께 달릴 것이다.

다음 행선지 남섬은 어떤 모습으로 다가올까 기대로 벅차있다. 하늘 가득히 흐르는 별빛 아래 북섬의 밤이 깊어가고 있다.

다듬이 소리

해님이 가을을 재촉하고 있다. 저녁이 가까울 무렵 어느 곳에서 들려오는지 알 수 없으나 분명 다듬이 소리이다. 누구일까? 이 시간에 아파트에서 다듬질을 할 수 있다니 낯설고 신기하다. 다시 귀 기우려 소리가 나던 쪽으로 목을 뺀다. 그러나 그 소리는 다시 들려오지 않는다. 그만둔 것인가, 끝낸 것인가? 왠지 아쉬운 마음이 든다.

인천으로 이사하면서 시어머니가 쓰시던 살림 중 가져온 것이 한 말들이 오지항아리 3개와 다듬잇돌에 다듬잇방망이 한 벌이다. 오지항아리는 크지 않아 거실 베란다 화분 옆에 한 개를 놓고 소금항아리로 쓴다. 나머지 두 개는 쌀 항아리와 잡곡을 담아 부엌 뒤 베란다에 두었다. 다듬잇돌과 방망이는 소금항아리 옆에 자리 잡고 앉아 화분과 정답게 어울려 한 식구로 살아간다.

시어머니는 여름 햇살 좋을 때 옥양목 호청들을 새하

얗게 삶아 빤다. 개구쟁이 손자들이 하루에 몇 번씩 흙투성이가 되어 들어와도 꾸지람 한번 하지 않고 백옥같이 빨아 입히며 흐뭇해하셨다.

나뭇잎들이 색동으로 치장할 즈음이면 겨울 채비의 첫 번째가 이불과 요 호청을 바꾸는 일이다. 여름에 빨아둔 이부자리 호청들을 빳빳하게 풀 먹여 손질하고 면綿 보자기에 싸두면 발로 꾹꾹 밟는 일은 퇴근하고 돌아온 내 차지다. 그리고 그날 밤 어머니와 며느리는 밤이 이슥토록 다듬이질을 한다. 처음엔 소리가 엇걸려 절룩거리는 것 같지만 어느 새 청아하게 다듬어져 리듬을 타고 사방으로 퍼진다. 연이어 강하게 약하게 소리에 따라 손놀림도 나비처럼 춤춘다. 소리는 마루를 지나 처마 끝에 머물다가 다시 댓돌 밑 귀뚜라미와 장단을 맞추며 합창을 한다. 다듬이 소리가 서서히 느려지고 어머니의 얼굴에 환한 웃음이 피어오른다. 유리판같이 반반해진 호청으로 이부자리 꿰매는 손길이 바빠지면 끝나는 한해의 겨울맞이다.

어둠이 짙어간다. 달님이 창틈으로 얼굴을 드민다. 아파트에서 다듬질을 한 이가 누구인지 궁금한가보다. 어느 노부인이 나처럼 다듬잇돌을 버리지 못하고 지니고 있다가 얼결에 두드려본 것인가? 그래서 며느리에게, 아니면 딸에게 한 소리 듣고 멈추었던 것은 아닐까?

이제는 소용없는 애물단지일 수 있다. 아무도 눈길 주지 않고 쓰이지도 않는 다듬잇돌과 방망이. 지난날 우리를 행복하게 해주고 어머니의 정성이 온전히 담겨있어도 보잘 것 없어 보이는 물건들. 생활에 필요했던 것들이 일상에서 밀려 뒷방 구석에 놓여지는 것이 가시처럼 찌른다. 파킨슨씨병이 찾아온 이후로 하루같이 지니고 있는 것들을 줄이며 가벼워지려 애쓰는데도 이 애물단지는 버리지 못하는 향수鄕愁이다.

많은 이들이 침대생활을 한다. 나도 작년에 침대를 들여놓았다. 다리와 허리가 말을 듣지 않고 자꾸 투정을 부려서다. 누웠다 일어서기 쉬운 침대생활이 편리하지만 따끈한 아랫목이 그리울 때면 빳빳하게 풀 먹여 시친 이부자리가 생각난다. 그리고 한껏 두드리던 다듬이 소리가 장단을 맞춰가는 것이 신기했던 그 시절의 쏠쏠한 이야기가 따라온다.

시어머니와 며느리의 두 손이 방망이와 함께 만들어내는 조화의 소리. 다듬잇돌이 보내는 통합의 순간을 손끝에서 느끼기에는 세월이 많은 것을 바꾸어놓았다. 몸이 내 마음대로 움직여주지 않는 지금, 마냥 아쉬워할 것만 아닌 듯하여 마음이 서성댄다. 시간은 쉬지 않고 저대로 가는데 세월을 붙들려는 어리석음이 아직 남아 있는가?

꿈결처럼 들리던 맑은 다듬이 소리가 어둠 너머에 달님과 짝을 이룰 수 있었으면 따뜻하겠다. 고부간 마주앉아 밤늦은 것도 잊고 화음을 맞추던 포근한 숨결이, 정겨운 음률이 그립다.

메타세쿼이아 울타리

작전동 풍림아이원 아파트는 담장 안으로 울타리처럼 메타세쿼이아가 심겨져 있다. 60년 넘게 단독주택에서 살다가 아파트로 이사 오면서 적응하느라 주위를 둘러볼 겨를이 없었다.

다음해 여름 어느 날 외출에서 돌아오는데 멀리 보이는, 마치 하늘로 푸른 소리가 퍼지듯 싱싱한 기운이 느껴왔다. 우리 아파트의 울타리가 되어준 메타세쿼이아의 늠름한 모습이다. 거리가 가까워질수록 나무는 열병식 하는 군인같이 씩씩하고 정연하여 힘차 보인다. 끈적이는 더위에도 아랑곳하지 않고 침엽수 특유의 빗살무늬 잎들이 겹쳐져 폭넓은 초록스커트 차림을 한 숙녀처럼 윤기가 흐른다. 잎 새에 실바람 한 무리 스쳐 지나가자 금방 넓은 그늘이 되어 쉼터를 만든다. 나무는 곧게 위를 향해 뻗은 체 삼각형 꼭짓점에서 해님과 밀담을 즐기는 것 같다. 보석 같은 햇살을 아래로 아래로 펴내린다.

메타세쿼이아를 처음 만난 곳은 서울대공원이다. 호주에 사는 A가 귀국하여 잠시 머무는 동안 친구 셋이서 서울대공원에 갔다. 5월의 공원은 온통 초록물감을 풀어놓은 듯 풋풋하다. 다리 아래로 물길이 시원스레 흐른다. 철쭉은 거의 자취를 감추었으나 아카시향이 코끝에 감돌아 걸음을 늦추곤 하였다. 산책로를 따라 오르는 길에서 아담한 팔각지붕 정자를 만났다. 그 옆으로 조금 떨어진 곳에 곧게 뻗은 나무가 늘씬한 몸매를 자랑하며 영국신사처럼 웃고 있다.

"얘들아, 저 나무 멋있다!"

"저 잘 생긴 나무? 메타세쿼이아야."

"메타세쿼이아? 이름이 어렵네."

"에스콰이아 구두를 생각하면 기억하기 쉬울 걸!"

"그렇구나!"

정자에 앉아 도시락을 폈다. 어린 시절 소풍가서 먹던 기억들이 조잘조잘 떠오른다. 숲길은 위로 올라갈수록 더욱 진한 색으로 원숙하다. 오른쪽 비탈진 등성에 비스듬히 서 있는 소나무가 눈에 들어온다. 가끔씩 마주치는 소나무들은 거의 몸통이 비틀어져 애잔하다. 힘겹게 지나온 우리들의 삶을 보는 것 같아 아프게 다가온다. 소나무도 메타세쿼이아처럼 곧게 자라면 좋으련만. 괜스레 시샘을 부리다 소나무 닮은 전나무의 곧은 몸태를 보고 위로받았던 기억이 있다.

메타세쿼이아는 어느 땅에서나 잘 자란다. 햇빛을 좋아하고 내한성이 강하며 생장이 빠르다. 생김새도 귀공자 같아 대부분 풍치수風致樹로 쓰인다고 한다. 이렇게 멋쟁이 나무가 우리 아파트의 울타리니 조경을 맡은 이의 안목이 짐작되고 출중하다는 생각이 들었다.

아파트를 정원으로 품고 있는 메타세쿼이아 울타리는 사시사철 자기 본분을 다해 정정한 모습으로 제자리를 지키고 있다. 여름 지나 가을이 되면 풍성하던 뾰족 잎들이 겹겹으로 갈색 옷을 걸치고 저녁노을 사라지듯 바람에 실려 떠나간다. 고드름보다 더 날카로운 겨울바람이 한바탕 정원을 치고 달아난다. 뼈대만 앙상한 가지들은 한껏 추위에 떨다가도 가끔씩 찾아오는 눈꽃을 만나면 포근히 아파트를 품어준다.

시간은 끊임없이 재깍재깍 겨울을 넘어간다. 햇살이 퍼지기 시작할 무렵 나무밑둥치의 굵은 줄기가 더 이상 수액을 올리지 못할 것 같이 말라가는 게 안쓰럽다. 그런데 묵은 등줄기 틈 사이로 새싹이 숨바꼭질하듯 뾰족이 머리를 쳐든다. 봄이 두런두런 소리를 내며 오고 있는 것이 아닌가! 자연의 순환, 가슴으로 와 닿는 질서의 오묘한 정기, 나도 모르게 순간 경건해진다.

한 해가 지나고 메타세쿼이아의 키도 한 뼘은 자랐나 보다. 몸통이 단단해지더니 더 신선하다. 여전히 풍성한 빗살무늬 뾰족 잎들은 아파트를 호위하며 구름 위를 뚫을듯 위로 펴져 오른다. 하늘을 향해 기도하는 형상이다. 무더위처럼 몸에 감긴 허세의 찌끼를 한여름 지나가는 소나기에 씻어내야겠다. 그래서 질풍노도에 꺾이고 넘어지고 허덕이면서도 다시 일어서서 희망을 찾았던 지난 삶을 위로하고 싶다. 그리고 그때의 의지로 다가오는 세상을 향해 따뜻한 눈길로 맞아야겠다.

어느 새 청량한 꿈으로 자라는 메타세쿼이아 울타리의 여유와 햇살 퍼주는 일상을 닮아가는 나를 만난다.

인천 사랑 – 두 편의 시

미추홀

하늘과 땅을 가르며
바다 출렁인다.
이천년의 염원이 축지縮地하여
내려 펴진 곳 미추홀

아이야 갈매기 날개짓처럼 춤춰라
어미는 밥 짓고
아비 허리 휘도록 그물을 던져
시간이 세월을 엮어가는
세월이 공간을 채워가는 터전

고인돌 우주선 타고
지구를 돈다

수도국산 달동네

계수나무 아래 방아 찧던 토끼
흐르는 별무리 속 숨바꼭질 놀던

어미가 모듬살이
연명延命으로 숨 고르고
벌어진 문 사이 바람이 들고 날면
겨우살이 19공탄 재처럼 시름 깊어지네

아이야
어제도 그제도 부대끼는 삶
네가 있어 웃고
네가 있어 뜨겁다

희망은 진실이다

• 연습 여행
• 그는 나에게, 나도 그에게
• 진주종
• 골무
• 미터기대로
• 너울
• 주문진 바다
• 띠
• 동행
• 파킨슨씨병이래요
• 파킨슨 씨 들리나요
• 고비넘기-두 편의 시(그가 오던 날, 그렇게 산다)

연습 여행

오랜만에 낮 비행기를 탔다. 날씨는 더없이 청명하고 기분도 나쁘지 않아 용기 내어 따라 나선 길이다. 색색의 봄기운이 머리를 쳐들고 사방에서 눈짓한다. 하늘구름이 빚어 놓은 동물원 식구들이 달리기하듯 연이어 숲으로 내달아 숨는다.

김포공항에서 예약된 시간의 좌석표를 바꾸어야 한다. 제복 차림의 건강한 남자도우미가 화면에 비행기 좌석을 띄워준다. 화장실 옆 빈자리를 가리켰다. 조금 민망하긴 했지만 비행기가 뜨자말자 이미 좌석의 효과를 보았다. 파킨슨씨병 진단을 받고부터 여행이 남의 이야기처럼 여겨진 것은 몸도 불편하지만 화장실을 자주 가는 것이 너무 힘들어서다. 병과 함께 따라오는 부작용이란다. 머리에서 명령해도 몸은 따르지 않고 시도 때도 없이 화장실을 들락거리게 만든다.

사드 설치 문제로 한국과 중국이 한참 줄다리기를 할 즈음이다. 중국이 한국 여행을 차단한 직후여서 비행기 좌석이 넉넉하고 제주 공항과 시내도 분비지 않고 한산하다.

마중 나온 제주 현지 여행사 가이드는 일행이 다 모이자 인사를 하며 동행인들을 소개한다. 여고 동창생 세 명이 한 팀, 네 자매 한 팀, 우리 부부까지 세 팀 아홉 명이다. 안내를 맡은 기사 가이드가 25인승 버스에 타라고 한다.

"우리 남편이 청일점이네요. 잘 부탁해요."

처음부터 분위기가 부드럽다. 공항을 벗어나면 남국에 온 것같이 야자수로 이어지는 가로수가 시원했었다. 그런데 가로수가 보이지 않는다. 시내로 들어가는 길 양옆으로 밑동이 우람한 나무가 위로 뻗어 가지끼리 용트림하듯 엉긴 채 늘어서 있다. 몇 년 전에 제주의 희귀 수종으로 보호받는 기념수 담팔수나무로 가로수를 바꿨다고 가이드가 설명해주었다. 담팔수나무는 멋진 이파리와 매끈한 몸매를 자랑하듯 늘어서 있지만 의외로 병충해에 약하다고 한다. 단단해 보이는 몸통에 비해 가지가 뒤틀려 엉켜 자라는 담팔수나무의 모습이 나를 보는 것 같은 착각에 씁쓸했다.

용두암에 도착할 무렵 구름이 쪽빛 물색과 어우러져 실오라기처럼 가늘게 수평선을 그린다. 내가 그곳까지 갈 수 있을 것 같은 유혹, 넘치도록 가득한 물결을 어루만지듯 스쳐가는 바람에 가슴이 트인다. 조금씩 사방이 어두워지고 우리들의 모습도 희미하다. 멀리 하늘이 내려와 바다와 조우하는 살굿빛 장막을 향해 한 덩이 서기瑞氣가 소리 없이 빠져든다. 나도 모르게 가만히 그의 어깨에 기대였다. 살굿빛 장막보다 더 따뜻하고 포근하다. 벅찬 경이로움으로 다가서는 황홀한 실루엣이 거기 있었다. 2년 전 심장박동기 삽입 수술 진단을 받고 울적한 마음에서 남편과 찾아간 주문진 바닷가의 저녁노을과 또 다른 감회가 인다.

다음날 아침, 젊은 팀에게 지장을 주지 않으려고 이른 새벽에 일어났다. 이미 파킨슨씨병을 앓고 있다고 선언한 후라 두 팀 모두 우리를 배려했다. 버스는 일찍 숙소를 나와 등 뒤로 바다를 지고 야트막한 집들이 그림처럼 조용한 도로를 달린다. 앞쪽 들판에 감귤색 노란 유채꽃들이 내 몸에, 눈으로 쏟아져 들어온다.

제2차 세계대전에 참가한 남편이 전사했다는 소식을

듣고도 믿지 안았던 지오반나(소피아 로렌)는 남편을 찾아 우여곡절을 겪으며 힘들게 러시아까지 간다. 그러나 남편 안토니오(마르첼로 마스트로얀니)는 기억을 상실한 채 러시아 여인과 아이까지 낳고 사는 것을 알고 고향으로 되돌아온다. 모스크바에서 우크라이나 들판에 끝없이 펼쳐진 황금빛 해바라기의 작렬하는 노란 물결, 그 속에서 소피아 로렌이 온몸으로 오열하던 영화 〈해바라기〉의 처절한 장면이 떠올랐다. 어느새 우리 부부도 유채꽃 속으로 들어가 유채꽃이 되어 있었다. 파킨슨씨가 내 안에 있지만 지오반나처럼 오열하지는 않았다.

제주도 올레 길 중 가장 짧고 아름다운 곳은 외돌개에서 돔베낭길까지 걷는 올레 7번 길이라고 한다. 바다를 옆으로 끼고 제주 특유의 사암층 암벽 아래 검은 바위들이 엎드려 있는 길을 걸으며 바다의 냄새를 한껏 마셨다. 바람은 잔잔하고 파도가 조용히 굴러온다. 찰싹찰싹 바위에 부딪히는 흰 포말이 근심을 삭힌다. 마음 속 도사리고 있는 파킨슨씨병에 대한 분노를 조용히 토닥이며 부드러운 손길을 내밀어 주었다. 가이드가 힘들면 도착지로 바로 가서 쉬라고 조언해 준다. 그럴 수는 없다며 남편과 선두에 서서 힘들게 걸었던 잊을 수 없는 길이다.

1974년에도 열심히 걸었다. 한국보이스카우트 제2회 연장대 야영대회에서 백록담까지 걸어 오르던 기억이다. 8월 1일부터 7일까지 6박 7일 동안 거행된 연장대 야영대회는 첫날 대원(지금의 고등학생 연령층 시니어스카우트)들이 제주도 신설 공항 공사에 참여했다. 나흘째 되는 날부터 이틀에 걸쳐 제주도 종단 도보 이동야영으로 백록담 정상까지 닿아야 한다. 참가자 전원이 낙오자 없이 백록담 정상에 도착했을 때는 모두가 감격의 환호를 힘껏 외쳤다. 이곳에서 태극기를 흔들며 "남북통일 기원 대제전" 마지막 행사를 진행했다. 북쪽 하늘을 향해 통일 기원을 외쳤던 기억이 아련하다.

제주 시내의 숙박과 음식은 깔끔하고 맛깔스러웠다. 오후에는 몇몇 관광지를 거쳐 삼십만 평의 원시림에 조성한 에코랜드에 도착했다. 영국에서 수제품으로 제작해 들여왔다는 링컨기차로 군데군데 곶자왈 원시림을 누비며 전에 보지 못한 제주의 새로운 모습을 체험한다.

숲의 품은 넉넉하고 맑았다. 뉴질랜드의 밀림처럼 비릿한 숲의 냄새와 산의 울음소리가 바람을 타고 내게로 온다. 약 기운이 풀려 둔탁해진 다리를 끌고 그의 등 뒤에서 조근조근 따라가는 나를 보고 여행객들이 따뜻한 미소를 건넨다. 계곡물은 얕게 흐르는데 바람소리와 어우러져 숲속 나무들과 입 맞춰 노래하는 듯 상쾌하다. 원시림의 투박한 길을 따라가며 만나는 사람들은 전에 알았던 사람처럼 선하고 다정하게 느껴온다. 새로운 사람들과의 만남으로 또 다른 인생을 경험하면서 자신에 대한 기대를 조율하며 자연과의 교감이 이루어지는 동안 서서히 찾아드는 안정에 큰 위로를 받는다. 내가 힘차게 살아 있다는 행복을 실감한다.

제주 앞바다의 유람선 관광은 날씨가 좋아야 가능하다고 한다. 나의 연습 여행을 지원이라도 하듯 하늘은 구름 한 점 없이 비춰빛이다. 유람선에서 바라보는 제주의 바다와 계곡과 오름과 들판은 그대로 한 폭의 수채화였다. 그러나 전에 보이던 제주의 소박한 풍경과 모습들이 현대적으로 가공되고 편리해진 지금의 모습을 보며 조금은 서운하고 쓸쓸한 기분이 들기도 했다.

언제나 여행길은 끝날 때 아쉽고, 한편 안심이 된다.

내가 파킨슨씨병 진단을 받은 후 변화하는 내 몸이 어디까지 견딜 수 있고 어떤 증상이 새롭게 나타나는지 궁금했다. 더 멀리 여행할 수 있는지에 대한 해답을 찾아 나선 우리 부부의 연습 여행이다. 아직까지는 잘 따라가고 있다. 그는 내 걸음걸이에 맞추어 천천히 걷고, 쉬는 곳마다 나의 불편을 찾아 배려한다. 일행도 함께 느리게 걸으며 기다려 준다. 그럴 때 민망하고 고맙다.

디지털 시대에 살면서 아날로그로 행동하는 우리들이 지나치는 여행객들에게 불편을 주거나 그들이 안 되었다고 쳐다보는 경우는 별로 없었다. 시간이 지나는 동안 일면식 없어도 한 마디 격려의 말을 해주고 가는 여러 사람을 만났다.

"보기 좋으세요."

"우리도 선생님 나이가 되면 선생님처럼 살고 싶어요."

또 우리 일행 중 동창생 세 친구는 곧잘 감수성 있게 표현하고 동의한다는 표정을 지으며 서로를 쳐다보며 웃는다.

2박 3일의 짧은 여행이지만 좋은 인연의 사람들을 만날 수 있었던 행복한 여행이었다.

그러나 집에 도착하고부터 가라앉을 것 같은 피로를 떨칠 수 없었다. 노독路毒이라는 것이 이렇게 나타나는가 보다. 한가하게 이틀 푹 쉬었는데 몸은 계속 피로를 줄이지 못한 채 피곤하고 힘들다. 결국 병원 신세를 졌다. 몸은 물먹은 솜처럼 천만근으로 죄이고 무겁다. 소화가 안 되면서 설사로 며칠을 씨름했더니 체중도 줄었다. 두 다리는 바람을 업고 흔들리는 갈대처럼 힘없이 너울대며 무게중심을 잡지 못하고 휘청댄다. 내가 파킨슨씨병 환자라는 것을 실감있게 확인해 준다.

연습 여행은 즐거운 추억을 남겨 주었지만 욕심을 내려놓으라는 준엄한 결과를 보여주었다. 여행은 결국 연습으로 그쳐야만 했다.

그는 나에게, 나도 그에게

감기 기운이 짙어 병원에 다녀오던 길이다.

어제 내린 눈이 심하게 불던 바람에 사방으로 흩어져 그대로 길가며 도로 곳곳에 얼어 있다. 한낮의 햇살을 받은 양지쪽은 눈이 녹아 뽀송하지만 더러는 보도블록 사이로 깔린 눈이 반짝인다. 빙판길을 피해 조심스레 걸었는데 발에 힘이 들어갔는지 미끌 하는 순간 몸의 중심이 기우뚱하며 발목을 접질렸다. 다행히도 남편의 팔을 잡아 넘어지는 것은 면했으나 절뚝거리며 집으로 돌아오는 그림이 되었다.

"자고 나면 좋아질 거요."

찜질팩을 붙여주며 건네는 남편의 위로가 듣기 좋다.

"내일 아침 반찬은 뭐요?"

엉뚱한 그의 말에 새삼 어이가 없어 쳐다보면서

"닭 가슴살에 야채샐러드에요. 토마토도 몇 점 얹을

참인데 괜찮아요?"

가끔씩 남편은 하던 얘기와 전혀 관계없는 말을 뜻 없이 물어온다. 특별히 궁금한 것도 아닌데 아내의 기분을 바꾸어주려는 마음에서 듣기 좋으라고 하는 것 같아 나도 훈훈하게 대답하곤 한다.

칠십이 넘어 수필가라는 이름표를 달았다. 원래 수필가가 되려고 시작한 것은 아니었는데, 다만 나의 후반기 삶을 그려보며 지나온 날들을 정리하고 싶었다. 제대로 해야 한다는 생각에서 기초부터 시작하겠다고 수필공부에 힘을 들였다. 부끄럽게도 등단을 하게 되자 글쓰기가 벅찼지만 새로운 의욕이 일고 더욱 부지런해진다. 그런 나를 남편은 칭찬해주며 생각의 방향을 더 깊게 하도록 조언한다. 그래서일까? 생각뿐 아니라 상상의 폭을 넓히는 버릇도 조금씩 커져간다.

라일락 향기 곱게 퍼지던 5월에 그를 처음 만났다. 회색 구름이 얕게 하늘을 가렸던 67년 11월 결혼할 때까지는 수백여 통의 연서戀書로 위로를 삼았다. 결혼 후 아이를 키우고 집안일을 돌보며 남편의 계획에 마음을 썼다. 직장에서의 역할도 소홀히 할 수 없었다. 청소년 사회교육기관인 내 직장은 직원 대부분이 남성으로 구성되어 있고, 특별히 여성이라고 배려할 수 있는 여건이 아니었다. 당시의 사회적 분위기도 호의적이지 않았다. 맡겨진 업무는 철저히 처리해야 하고 몇 안 되는 여직원들에게는 기혼녀로서, 상급자로서 모범을 보여야 했다. 내 스스로 퇴직을 결심하고 떠나올 수 있기까지 맡은 일이 적성에 크게 벗어나지 않은 것은 다행이다. 또 내가 30여 년간 그 자리를 지킬 수 있었던 것은 동료들의 도움과 가족의 지원이 있었음은 더 말할 나위가 없다.

가족과 함께 달리던 나의 여정은 마디마다 아쉬운 정을 하나씩 내려놓았다. 세 아들이 둥지를 떠나 각자의 보금자리를 틀고 열심히 살아간다. 큰아들네 가까이 살면서 주말마다 찾아오는 손주들의 커가는 모습이 참으로 즐겁고 아름답다.

이제 어깨가 가벼워진 우리는 둘이서 바라보는 한 곳을 향해 천천히 나아간다. 한 매듭짓고 넘긴 오늘이 있고 서로 기대어 가는 내일이 존재함은 얼마나 신나는 일인가?

계절 따라 찾아드는 따듯한 기운에 마음을 얹어 본다. 여름 땡볕을 즐기기도 하며 그동안 못했던 솜씨를 부려 그가 좋아하는 마늘장아찌도 담근다. 그도 때로는 함께 바닷가를 찾아 코발트빛 물결을 가르고 고래처럼 폼 잡고 수영하면서 소년처럼 자랑한다. 스스로 아내에게 고생을 시켰다고 안쓰러워하는 그는 매일 손이 거칠어졌다고 하면서 설거지를 해준다. 온 산을 채색해 놓은 가을엔 신혼같이 여행길에 오르기도 하는 우리. 나와 함께 있으면 그곳이 곧 집이라며 편안해 하는 그 사람, 내 남편이다.

바람이 조금 세게 불어온다. 또 눈이 오려나? 겨울의 끝에서 심술을 부리고 있는 날씨는 혹시라도 내 아이들에게 비쳐진 우리의 모습은 아닌지 한 번쯤 돌아보기도 한다.

내일 병원으로 갈 때는 그의 팔을 지팡이삼아 걸어야겠다. 힘껏 잡고 의지해서 넘어지지 않도록, 그는 나의 든든한 지팡이가 되고 있다. 그리고 그에게도 나를 지팡이 삼으라고 주문한다. 아직 겨울은 우리 곁에 머물러 곳곳에 미끄러운 길이 복병처럼 숨어 있는데 넘어질듯 쓰러지지 않게 해주는 버팀목 지팡이. 우리는 서로의 지팡이가 되기 위하여 두 손을 맞잡는다. 그는 나에게, 나도 그에게….

모자를 눌러쓴 그의 옆모습이 세월을 말해주듯 귀밑

의 은색 머리카락이 연륜같이 빛난다. 그리고 연미복 흰 셔츠처럼 멋있어 보인다. 내 귀밑에도 흰머리가 보이겠지? 그가 나를 바라보면서 꽃다발 한 아름 안고 웨딩드레스 속 수줍게 웃고 있던 신부를 기억해내면 좋겠다.

머지않아 차가운 바람을 밀어내고 색색의 빛깔로 봄이 오려는 듯 아파트 화단의 개나리도 새눈을 틔우려 흔들어댄다. 어서 봄볕에 꽃눈이 터지고 사방에 지천으로 화사한 잔치가 벌어지겠지. 그러면 그의 팔을 지팡이삼아 서로를 기대어 눈길 닿는 그곳까지 편안히 가리라.

진주종

12월의 세찬 바람이 소매 속으로 잦아들어 온몸이 오므라들었다. 수술실로 실려 가는 그를 안심시키려고 애써 눈을 맞추고 편안한 척 고개를 끄덕이기도 하였다.

줄지은 가로수 은행나무가 계절에 밀려 후두둑 노란 물결을 이루며 흩어지던 십일월의 끝자락. 남편이 왼쪽 귀가 먹먹하고 진물이 흐르는 것 같다고 하여 이비인후과를 찾았다. 전문의 여의사는 중이中耳에 염증이 생겼다면서 일주일 정도 치료하고, 염증이 가라앉으면 수술해야 한다고 진단을 했다. 더욱이 진주종(진주종성중이염의 줄임말)이라며 의원에는 수술할 시설이 없으니 큰 병원으로 가라고 한다. 삼십대 초반의 어려 보이는 의사는 침착하고 확신에 찬 목소리로 설명해 주었는데 진주종이란 병명은 꽤나 낯설었다.

귓속에서 진물이 나거나 쑤시고 아프면 중이염으로 여

겨왔다. 진주종이란 병명이 매우 생소해서 의사에게 증상과 치료에 대한 궁금증을 묻고 되묻고를 반복한 후에야 겨우 수긍할 정도였다. 예정대로 염증 치료를 끝내고 대학병원에서 진주종 수술을 받게 된 것이다. 그런데 막상 이비인후과 병동에 왔을 때 이곳에서는 이 병이 흔하다는 것을 알게 되었다. 무지했던 내 물음에 자세히 설명해준 여의사가 고맙고 미안한 마음까지 들었다.

수술실 앞쪽으로 조금 떨어진 곳에 보호자 휴게실이 있다. 전광판에는 수술 진행을 알리는 〈수술 중〉 〈회복실〉 〈병실〉과 그 아래 해당 환자의 이름이 보인다. 나도 수술이 끝날 때까지 그곳에서 기다리기로 했다. 왜 하필 이런 병이 그에게 왔을까? 혹시 수술이 어려운 것은 아닌가? 청력이 제대로 회복될까? 만일 듣기가 불편해지면 어떻게 하나? 오만가지 생각이 뒤엉겨 머리가 복잡하고 진정이 되지 않았다.

초조하게 시간이 흐르면서 그동안 지나온 날들이 전광판의 글자와 맞물려 돌아간다. 홀어머니 모신 육남매의 맏며느리, 삼형제의 어미로 힘들었던 일들이 수술을 받고 있는 그와 함께 영상같이 살아난다. 모든 것이 안정된 지금처럼 그의 수술은 성공할 것이라고 마음을 다잡기도 하였다.

휴게실 서가에 꽂힌 이비인후과학회의 자료를 읽어보았다. 진주종은 만성 중이염의 한 형태로 고막이 중이 안으로 말려들어가 진주종이 생긴다고 했다. 진주종은 자라면서 주변 조직을 파괴하거나 뼈를 녹이거나, 심하면 뇌에까지 퍼지기도 한다니 쉬운 병은 아닌 것 같다. 그에게 왜 진주종이 생겼을까? 진주종? 진주라니? 진주는 아름답고 우아한 보물이지 않았던가?

진주는 조개에 이물질(핵)이 들어가 만들어진다. 조갯살에 박힌 핵이 조개가 분비하는 액으로 자라면서 진주로 빚어진다. 조개의 고통과 아픔을 딛고 고운 빛을 발하며 사랑받는 보석으로 탄생하는 것이다. 그러나 진주종은 귓속에서 염증을 일으키는 병원균일 뿐이다. 진주가 조개의 아픔 위에 조성된다면, 진주종은 염증으로 괴로움을 준다는 것에서 유사점이 있다. 진주의 핵이 조개속에서 자라는 것처럼 진주종도 귓속에서 커가는 형태가 비슷하다. 그래서 진주종이란 명칭을 붙이게 된 것이 아닌가 나름의 이유를 찾아도 보았다.

남편은 수술 결과가 좋아 9일 만에 퇴원하였다. 일주일은 매일 외래 치료를 받고 청력의 회복 정도는 경과를 지켜보아야 알 수 있다고 한다. 수술이 잘 되었으니 결과도 좋을 것이다. 아름다운 진주의 은은한 빛처럼 그의 건강도 예전처럼 돌아오리라 믿고 싶다.

나이 들어서 불시에 찾아드는 병마는 순간적으로 생의 의욕을 잃게 만든다. 이미 알려진 병에 대하여는 여러 대비책을 세울 수 있으나 예상외의 병이 찾아오면 당황하기 마련이다. 뜻밖의 질병과 마주하면서 두려움 속에서 두 달여를 보내었다. 젊을 때와 다르게 많이 위축되어가는 내 모습에 놀란다. 갑자기 생의 끝 가까이 온 것이 아닌가, 동행의 존재가 이렇게 아프고 괴로울 때 더 커지고 간절해지는 것인가 싶다. 다행이 조기 발견하여 수술을 받게 된 것은 행운이었고 모든 것이 희망적이다.

살면서 많은 질병을 겪어보았고, 앞으로 계속 만나게 될 것이다. 그럴 때면 두려움대신 병과 마주하여 즐기듯 치료받고, 더 힘든 질병이 온다고 해도 겁내지 않고 담담하게 맞을 수 있을 것 같다. 경험에서 얻은 면역에 마음은 더욱 단단해지고 자신감이 생겼다. 그리고 언제라도 그들과 동행할 수 있다는 여유까지 부려보는 성숙함을 갖게 되었다. 그래서 병원과도 즐겁게 놀아야 하는 방법도 익히고 있다.

골무

겨울이 머물고 있는 지하철 역사驛舍는 아직 바람이 차다. 계단을 올라 승강장 쪽으로 가는데 허리 굽은 할머니가 기둥에 의지하여 난전을 펼쳐놓고 있다. 색동 헝겊으로 만든 골무와 색실로 태를 두른 바늘꽂이들이다. 할머니는 손수 만든 것이라며 사가기를 권하였다.

요즘은 별로 쓰이지 않지만 생전에 어머니가 골무를 짓던 모습이 떠올랐다. 구멍 난 내 골무 생각도 났다. 을씨년스럽게 쪼그리고 앉아 있는 할머니를 보며 그냥 지나치기 민망하여 골무만 몇 개를 샀다.

어머니는 사각형의 반짇고리를 옆에 두고 계셨다. 그 안에는 바느질거리와 도구들, 여러 색의 조각 천이 가지런하게 놓여 있다. 가끔 어머니는 조각 천으로 무심히 골무를 만드신다. 천을 몇 겹으로 겹쳐 두꺼워진 위에 검지 모양의 본을 뜨고 테두리를 단단하게 감친 후 색실로 마무리하면 밤톨같이 태態 고은 골무가 만들어진다. 왜 그렇게 무심한 듯 열심히 만드셨는지 그 때는 알지 못하고 앙증맞은 골무만 예뻐했던 것 같다.

그러고 보니 어머니의 골무가 구멍이 나도록 쓰는 걸 본 기억이 들지 않는다. 조금 헐었다 싶으면 새 골무로 바꾸어 놓았다. 골무 낀 손가락이 바늘에 찔리지 않도록 미리 조치한 것이었을까. 아버지가 며칠씩 집을 비우는 날이면 손가락을 찌르는 바늘이 되어 어머니의 가슴앓이도 도지고 있다. 골무는 그때마다 어머니의 손가락이 바늘에 찔리지 않게 보호막이 되듯 아린 마음에 견딜 수 있는 힘을 주어 아픔을 삭혀내고 보듬어주었던 것은 아니었을까. 갑자기 목젖이 뜨거워온다.

집에 들어서는 길로 반짇고리에서 구멍 난 골무를 꺼내고 새 골무를 넣었다. 오랜 동안 습관처럼 버리지 못하고 절약의 표본이나 되듯 써온 구멍 뚫린 골무를 그냥 버리려니 미안쩍다.

내 반짇고리용 서랍에는 몇 가지 색실의 실패와 바느질 도구들이 살아간다. 집게손가락에 골무를 끼고 베갯잇을 시치거나 떨어진 단추를 단다. 양복바지의 단이 터지면 골무 낀 손에 힘을 주며 꿰맨다. 꽤 오래 사용한 골무는 바늘귀가 닿는 곳에 구멍이 나 몇 번씩 찔리기도 했지만 한옆으로 바늘을 눌러 그대로 써오던 참이다. 골무는 제 몸에 구멍이 나도록 내 손가락을 보호하고 찔리지 않도록 감싸준다. 그런데 새것이 왔다고 바로 없애는 것은 도리가 아니지만 어쩌랴 구멍이 났으니. 스스로 멋쩍은 위로를 해보아도 석연치 않다. 헤진 곳을 여며주는 내 골무도 어머니의 골무처럼 나를 편안하게 해준 것이리라.

구멍 난 골무를 버린 짠한 마음이 조금 가라앉았다.

세월이 흐르고 시간이 지나면 말끔하고 통통하고 빛나던 사물들이 구멍 난 골무처럼 낡아지고 힘을 잃는다. 세월을 보낸 흔적같이 얼굴에 주름이 지고 검버섯이 피어난다. 더디고 느려진 걸음걸이가 날개를 달은 듯 빠르게 다녔던 지난 시간과 헤어져 천천히 느리게 움직이고 있다. 그렇더라도 지금의 내 모습이 어머니의 골무를 닮아 편안하고 넉넉해진다. 예쁜 골무가 보내는 연민의 위로가 조용히 웃고 있다.

참하게 색깔 맞춰 누워 있는 반짇고리 속 골무를 드려다 본다. 곱다.

난전을 펴 놓은 할머니도 골무를 지을 때만은 고단함

을 잇고 한 땀씩 색色을 이어 만들었을 것 같다. 반듯한 골무의 모양에서 정감이 스친다. 지난 세월 좋았던 기억들을 떠올리며 미소 짓는 할머니의 모습이 보인다.

승강장으로 스며드는 차가운 바람이 할머니 옆으로 피해가려나? 빨리 봄이 오면 좋겠다.

미터기대로

불볕더위가 나를 삼켜버렸다. 살면서 배탈이라고 나 본 적이 없었는데 무엇을 잘못 먹었는지 완전히 잡힌 것이다. 하루에 십여 차례 화장실을 들락거리면서 사람인가 싶기도 하고 견디는 것이 신기하다. 내과의원에서 두 주일의 약 처방을 받았으나 별 차도가 없어 결국 대학병원으로 가는 길이다.

택시를 세웠다. 서울 흑석동에 있는 C 대학병원으로 가자고 하였다. 기사는 미터기에 오천 원을 더 받는다고 한다. 굵직한 경상도 사투리로 웃돈을 얹으라는 말에 순간 기분이 상했다.

"미터기대로 아닌가요? 요즘 서울 가는 택시 웃돈 받아요? 경상도 분이 그래도 되나요? 정직하게 하셔야죠."

나도 모르게 연이어 목소리가 높아졌다. 당황한 남편이 민망한 듯

"우리도 경상돕니다. 거창이요." 한 마디 한다.

이건 말이 안 되는 항의였다. 여기서 경상도가 왜 나오고 정직해야 한다는 말이 무슨 뜻인가 싶어 기사는 멈칫하다가 멋쩍은 듯 미터기대로 받겠다며 시동을 건다.

택시는 시내를 벗어나 경인고속도로로 진입하면서 막힘없이 제 속도를 낸다. '싫은 소리를 했다고 난폭운전을 하면 어쩌나.' 조금 불안하다. '그렇지는 않겠지.' 속으로 별 상상을 하다가 그냥 눈을 감고 모른 척 차에 몸을 맡겼다. 그러나 기사에게 한 말이 자꾸 걸려 마음이 불편하다. 너무 엉뚱하지 않았나? 이 나이 되도록 아직도 마음한 곳에 뾰족한 송곳이 남아 있었단 말인가? 더욱이 경상도 사람을 왜 들먹였는지, 시진한 몸에 지치고 급하다고 막말한 것 같아 한심한 생각이 들었다.

병원에 도착하여 "안전 운전 고마웠어요." 편안하게 인사를 했다. 미터기에는 이만사천육백 원이 표시되어 삼만 원을 내밀었다. 기사가 거스름돈을 주려고 하기에 미안한 마음에서 안전 운전 고맙다는 인사를 다시 한 번 더하고 사양했다. 나도, 그 기사도 찜찜했던 기분이 사라지기를 기대하면서.

그러고 보면 지난 5월, 고향에서의 택시 승차는 지금

까지도 즐거운 기억으로 남아 있다. 부모님 이장 후 일주기가 되어 형제들과 같이 산소에 다녀왔다. 고속버스를 타고 거창읍에 내렸는데 산소까지는 택시로 가야 한다. 남편이 남하면까지 얼마에 갈 수 있느냐고 물어보았다.

"미터기 요금으로 갑니다."

지방에서 택시를 타려면 대개 왕복 차비를 받는 것이 상례처럼 되어 있어 정말이냐고 되물었다. 거창읍에서 어디를 가도 미터기대로 요금을 받고 30분 전에 연락을 주면 그 안에 지정한 장소로 간다는 것이다. 얼마나 고마운 일인가?

우리는 택시 두 대에 나누어 타고 읍내를 벗어나 선산으로 향했다. 뒤차의 시누이들이 꽃집에 들러야 한다고 했다는데 기사의 안내로 쉽게 꽃을 살 수 있었다며 고마워했다.

5월의 햇살이 따가운 줄도 모르고 육남매는 열심히 벌초를 끝내었다. 산 냄새가 코끝에서 상큼하다. 바람이 솔잎 사이로 스치듯 지나다 슬며시 돌아본다. 은근하게 퍼지는 아카시향이 시샘하듯 산뜻하다. 육남매는 그늘에 앉아 오래 전 각자의 마음속에 숨겨두었던 추억들을 어린아이처럼 끄집어 쏟아내며 옛이야기에 젖어든다. 목화솜같이 포근하고 행복한 하루였다. 예정대로 미리 부탁한 택시는 출발 20여 분 전에 왔다. 고향은 고향이라는 말 한 마디만으로도 마음을 따뜻하게 감싸고 안아주는 매력을 지녔나보다. 고향에서 받은 택시기사의 미터기 요금과 친절한 안내는 우리를 더욱 기분 좋게 만든 성묘길이 되었다.

교통요금이 지역별로 차이가 있고 그에 종사하는 이들의 어려움과 부당한 처우에 대한 문제는 어제 오늘의 이야기가 아니다. 그러나 막상 장거리나 다른 도道로 넘어갈 때 미터기를 끄고 요금 이상의 금액을 요구하는 것은 예가 아니다. 승객이 서비스 금액을 얹어주는 것과는 다른 문제이다. 그런데 도와 도 사이를 넘어가면 추가금액이 있다는 것을 나중에 알았다. 그뿐 아니라 서울로 간 택시가 인천 승객이 없으면 빈차로 와야 한다는 사실도.

우리가 병원까지 타고 간 택시기사의 금액 요구는 정당하게 말한 것이다. 그런데도 승객의 무례를 탓하지 않고 미터기에 나온 요금만 받고 가겠다고 했다. 어리석게 사실을 확인하지 않고 막말을 한 내가 부끄럽고 한심하다. 그날 미터기에 남은 요금을 거슬러 받지 않은 것은 잘한 일이다.

택시는 이제 일반 시민의 평범한 교통수단이 되었다. 수많은 자가용의 물결 속에 택시 요금제가 운전자와 이용자 모두에게 적정을 유지하여 승용차 없는 이들의 진정한 발이 되었으면 하는 바람을 갖는다.

거창읍의 택시기사들처럼 택시 이용자들이 기분 좋게 이용하고, 운전하는 이들이 즐겁게 운행할 수 있는 사회를 그려본다.

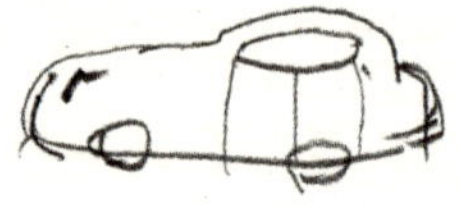

너울

'하늘이 무너지는 심정'이라는 말을 한다. 나쁜 일이 급박하게 일어날 때 표현하는, 최악의 경우를 당하면 나올 수 있는 그 말이 나를 두고 한 것 같다.

4월에, 심장초음파 검사를 받았다. 원래 서맥徐脈이어서 항상 마음이 쓰였다. 2년 전부터 가슴이 두근거리고 숨이 차올라 제대로 말하는 것이 힘들고 중간에 쉬었다 말을 잇는 일이 잦아졌다. 초음파 검사 후 24시간용 심전도 검사를 추가로 받았는데 결과는 심박동기心搏動機를 몸에 삽입해야 한다는 것이다.

순환기내과 의사는 나와 동일한 검사를 하고도 문제점을 찾지 못하여 여러 다른 검사를 더 하는 이도 있는데 바로 찾아 다행이라며 위로한다. 그러나 검사 전에 약물로 치료할 수 있는 상황을 배제하지 않았기 때문에 억울한 생각이 들고 물에 체한 것처럼 기분도 씁쓸하다.

살아오면서 척추 수술을 세 번이나 받았고, 척추에 티타늄 지지용 핀을 여섯 개 박아 놓은 상태이다. 그런데 가슴 위에 전극선으로 연결된 심박동기를 심고 남은 삶을 살아야 한다는 것이 슬프고 야속하다. 전생의 연인가, 인연 없는 여러 사람에게 노여움을 산 것인가 갑갑하고 화가 난다. 의사는 배터리로 작동되는 여권사진 크기의 작은 컴퓨터가 티타늄 상자에 담겨 안전하게 밀봉된 것을 삽입한다고 친절하게 설명한다. 그 작은 기계가 나의 서맥을 정상치로 올려 편하게 숨 쉴 수 있고 일상생활에도 지장을 주지 않으니 걱정하지 말라고 하지만 떨리고 불안하다. 안개 자욱한 계곡에 혼자 떨어져 있는 것같이 아득하다. '남의 염통 밑 쉬스는 것보다 내 손톱 밑 가시가 더 아픈' 그런 심정이다.

순환기내과에서 흉부외과로 수술 예약을 잡아놓았다.

척추 수술을 받으면서 사람의 몸이란 신비하고 오묘한 데가 있다는 것을 알게 되었다. 병에 대한 저항력뿐만 아니라 수술 후의 복원력도 상상 이상의 힘을 발휘하는 것을 경험하였다. 사람마다 조금씩 차이는 나겠지만 회복의 기미는 가속이 붙어 눈으로, 몸으로 느낄 수 있었다. 그래서 그 힘을 믿으며 의사를 신뢰하고 수술을 결정하는 순간 내 의지도 함께 믿기로 했다. 그래도 불안한 마음은 쉽게 가시지 않는다. 마치 예상 못한 해일海溢이 일상의 평화를 앗아가듯, 내게 닥친 이 상황이 해일만큼은 아닐지라도 겹겹으로 밀려드는 너울이 되어 순간순간을 옥죄인다.

지난날 내게 너울이라 여기던 것들이 스치듯 떠오른다.

아버지의 사업 실패로 절망의 끝에서 헤매던 대학 시절은 극복하기 힘들던 삶이었다. 결혼 후 생활 기반을 다지기까지 견뎌낸 인내의 시간들, 직장생활을 하는 동안 겪어야 했던 크고 작은 고통들, 맞벌이 부부가 수없이 겪는 아이들 교육 문제도 밀려드는 너울처럼 힘들었다. 종부宗婦로서 감당하는 집안 대소사의 끊임없는 부담과 외면할 수 없는 잡다한 일들도 너울이 되어 넘쳐났다. 그 모두가 사람과의 관계 속에서 이루어진 고달픈 시간들이었지만 견디고 나니 너울 끝에 행복이 기다리고 있었다. 심박동기 삽입 수술도 나에게 닥친 가벼운 너울에 불과하리라.

극심한 장애를 갖고도 밝게 살아가는 많은 이들을 본다. 그들에 비하면 이 나이에 심박동기 하나 더 달게 된다고 크게 엄살 부리는 모양새가 좀 그렇다. 휘몰아치던 너울이 지나간 후 바다는 다시 평화로워지고 많은 상처를 품고도 잔잔한 숨결로 조용히 백사장을 어른다. 나도 그렇듯 심박동기를 심고 나면 숨이 차고 두근거리던 증상이 안정될 것이고, 서맥도 제대로 뛰어줄 것이므로 평온이 찾아올 것이다. 미리 겁낼 필요가 없다.

생각을 바꾸니 받아들이기가 쉬워졌다. 그렇게 사는 것이라고 다시 한 번 다독인다.

따스한 바람이 풍성하게 퍼져간다. 지천으로 활짝 핀 봄꽃의 기운을 받아 노년에 맞닥뜨린 너울이 건강으로 치환되는 오월을 기대해본다. 햇살 퍼져 날아오르는 들녘처럼, 차분히 기도하는 심정으로 조용히 마주 서 있다.

주문진 바다

봄이 정신없이 흔들린다. 꽃들도 미쳤나보다. 우아하게 자태를 드러낸 목련이 떠날 차비도 하지 않는데 벌써 아파트 담장에 노란 물감이 퍼졌다. 그 옆으로 바람이 슬쩍 인사를 하더니 꽃비가 내린다. 정말 봄인가, 꽃들이 잔치를 하는가 어지럽다.

이 좋은 계절 3월 18일에 백내장 수술을 하였다. 봄을 한껏 밝게 보겠다던 기대는 '찬란한 슬픔의 봄'이 되어 한꺼번에 다가왔다. 남편이 장염으로 4박 5일 병원 신세를 졌다. 그뿐인가, 5월 12일에는 내게 흉부외과 진료가 예정되어 있고, 결과에 따라 심장박동기 삽입 수술을 받아야 한다. 마치 비에 젖고 바람에 휩쓸린 꽃비처럼 4월은 '잔인한 달'이 된 것이다.

각각의 꽃들이 계절에 맞추어 피워야 아름다운 자태를 마음껏 뽐낼 터인데 여기저기 한꺼번에 피고 져버린 봄꽃이 우리 부부 같아 보였다. 남편이 퇴원을 하고 십여 일만에 예정 없이 훌쩍 주문진 바닷가로 떠났다.

4월 10일, 한가로운 시외버스를 탔다. 강릉을 거쳐 주문진에 도착한 시각은 오후 1시 30분. 거의 40여 년 만에 찾은 주문진항과 바닷가는 많은 변화를 보여주었다.

주문진항에서 생선구이 점심을 먹었다. 볼락, 임연수어, 꽁치, 고등어 등 네 종류의 싱싱한 생선구이는 2인분이 2만원이었는데 노릇하게 먹음직스럽게 구워 큰 접시에 담아내니 어찌 다 먹을까싶다. 몇 가지 반찬과 젓갈류를 더해 한 상 가득한 점심상은 보기만 해도 푸짐하고 맛깔났다.

주문진항 양 옆으로 해산물 가게들이 가지런히 늘어서 정갈하다. 관광버스와 승용차들이 겨우 차 한 대 지나갈 정도로 도로가 좁은데 택시는 눈에 띄지 않는다. 관광버스와 승용차들이 원활하게 관광하고 소통하도록 택시는 불러야 온다며 식당주인이 설명해주었다. 지역의 활성화를 위해 참 괜찮은 정책인 듯싶다. 콜택시는 5분도 못되어 식당 앞에 도착했다. 숙박할 콘도가 시외 바닷가 쪽에 있다. 택시기사는 미터기에 표시된 금액대로 받았다. 우리나라 관광지의 관광 예절과 올바른 상도商道

의 모습을 보는 것 같아 기분이 좋다.

지난 세월들, 큰 아이가 초등학교 6학년일 때 그 아래로 4학년, 1학년 세 아들과 함께 여름방학 가족 여행을 주문진으로 왔다. 남편의 동료 선생이 소개해 준 민박집은 허름한 것 같지만 동네에서 괜찮은 집이다. 불볕이 내리쬐는 바다를 향해 아이 셋이 겁 없이 뛰어들어 어설프게 수영을 한다. 민박집 주인이 조그만 어선(어선이라기에는 너무 작다)을 갖고 와 우리 주위를 돌며 남편과 홍합을 딴다. 큰애와 둘째는 서투른 자맥질로 배 근처에서 어쩌다 딴 홍합을 들어 보이며 기뻐하던 모습이 안개 피듯 아련히 떠오른다. 그날 양동이 한가득 따다준 홍합을 한꺼번에 삶아 주인집과 잔치를 벌였던 기억이 어제같이 선명하다. 세 아들은 이제 가족을 거느리는 가장이 되어 우리 곁을 떠나 있고, 부부는 예전처럼 둘만 남아 호젓하다. 주문진에서 찾아낸 추억 한 자락이 꿈결같이 스치며 미소를 머금게 한다.

콘도에 도착하여 짐을 풀고 가볍게 바닷길로 나선다. 아직은 사람들이 찾지 않은 빈 바닷가! 파도가 쏴아 넘실대며 찾아왔다 물러간다.

4월의 바다는 인적이 없어 모래알처럼 쓸쓸하다. 바람

이 간간이 불어온다. 파도가 하늘과 정다운 이야기를 나누는지 잔물결을 일으키며 조용히 몸을 흔든다. 까마득하게 멀리 보이는 수평선이 포물선을 그려놓고 밀려오는 파도를 마시며 뱉으며 살아 있음을 고告한다. 조금씩 해가 기운다. 두 사람의 그림자가 하나로 포개지다가 둘로 나누어지고, 짧았다 길어졌다 흐르며 퍼진다. 서서히 불덩이가 마지막 장막을 펼쳐놓고 신음하듯 떨어진다. 그제서 서녘은 아름다운 분홍빛 여운으로 잔잔하다. 삶도 저같이 불덩이로 살다가 마지막 순간 분홍색 너울처럼 조용히 스러져야 아름다울 것 같다.

팔짱을 낀다. 결혼 전에는 수줍어 잡지 못했던 그의 옆구리, 칠십이 넘은 지금 당연한 모습이 되었다. 세월에 기대어, 연륜에 힘입어 연출해내는 이 모습이 서로를 의지하는 믿음의 표현이리라. 가끔씩 '나이는 숫자에 불과하다.'고들 하지만 장년층에게나 쓸법한 격려의 뜻일 뿐 실제로 '나이는 숫자와 평행'하고 있다. 머리와 가슴이 아무리 숫자에 불과하다고 몸부림치며 우겨대도 몸이, 신체가 말을 듣지 않는다. '숫자에 불과하다'고 한 말은 몸에 대한 자만이었고 세월에 대하여 오만하기 그지없는 기대치일 뿐이다.

여기저기 부서져 내리는 몸의 소리를 듣는다. 노래처럼 들려온다. 그러나 망망한 이곳 주문진 바다는 영원히 세월과 동행하고 있다. 수많은 고기 떼와 생물을 끌어안고 영원으로 이어진 평화로운 품이다.

때로 폭풍이 몰려오고 태풍이 삼켜도 다시 제자리를 찾아가는 바다. 여름이 오면 새로운 희망의 물결들이 찾아들고 바닷가 모래밭에 각자의 꿈을 쌓으며 안식과 평화를 마시며 넉넉한 기운을 담아 가는 곳, 주문진 바다.

오랜만에 남편과 하나로 찾은 주문진 바다. 용기와 희망을 준다.

병원과 등지고 짧은 삶으로 남을 이 순간이 편안하다.

봄꽃이 미련 없이 흩날리는 봄날, 겹겹으로 파도가 넘쳐와도 주문진 바닷가의 노을은 장엄하기까지 하다. 오늘은 오늘로 충실하리라. 내일은 새로운 꿈을 꾸며 주문진 바닷가에서 삶의 위로와 마주하고 있다.

띠

접으려다 뒤끝이 딸려 결국 힘들게 해내었다. 움켜잡고 있던 인연의 고리, 나를 묶고 있던 추억의 띠를 풀고 마음을 내려놓는다.

루비처럼 맑은 장미꽃잎이 천지에 향기를 뿜어내던 5월 16일, 심박동기心搏動機 삽입 수술을 받기로 했다. 간단한 수술이라며 선先경험자들이 조언을 했지만 두려운 마음이 앞선다. 십여 일 입원해 있는 동안 지난날들을 뒤돌아보면서 필요 없는 것들을 많이 갖고 있다는 생각을 하였다. 퇴원하면 주변 정리를 다시 하리라. 평소 줄이고 내려놓고 비우며 살았다 여겼는데 손길을 기다리는 것들이 의외로 겹겹이 눈에 보인다.

서울에서 인천으로 이사하면서 이미 한차례 정리를 하였다. 시어머니께서 쓰시던 장독대의 크고 작은 항아리와 규모가 큰 그릇들은 지방에서 목회牧會하는 동생네로 보내고, 서재에 있던 책들은 분야별로 제 자리를 찾아 기증한 터이다. 나이 들어 조금씩 몸에 이상신호가 오면서 또 한 번 정리해야겠다고 별렀다. 그 중 두어 상자 가득히 곁에 둔 편지들, 내 생애 풋풋한 시절을 말해주는 추억 속 손편지들과 작별하려 한다.

과학 기술이 빠르게 발전하면서 우리의 생활 패턴도 상응하게 변화하고 있다. 동인지 원고를 이메일로 보내는 시간은 채 5분이 안 되는데, 그 시절 2백자 원고지에 펜으로 글을 써서 우체국 등기로 보내면 며칠 후에나 받아본다. 아직도 고집스럽게 만년필이나 펜에 잉크를 찍어 가며 원고지를 사용하는 이들도 적지 않다. 그 나름대로 글에 대한 예의라 여겼으리. 또 원고를 쓰고 보내면서 마음을 가다듬어 길든 짧든 안부를 전하던 정성과 따뜻한 온기를 펜 끝에서 느끼기 때문일 것이다. 이메일 송고 방법은 시대를 대변할 만큼 획기적 사건일 수 있지만 아직도 손편지는 아랫목처럼 따뜻하다.

여고 때부터 소식을 주고받는 친구는 지금도 꼭 손편지를 보낸다. 헤아려 수십 통은 족히 넘는다. 나도 어김없이 손편지를 정성스레 써서 우체국에서 부친다. 쉽게 이메일을 보내거나 컴퓨터 문자로 출력한 편지글을 보낼 수 없어서이다. 그 외에 집안의 당숙이며 오빠들, 대학 친구들이 고향에서 보내준 5~60년대의 손편지들이 힘들 때마다 마음에 훈기薰氣를 얹어주던 편지이다.

종가 며느리인 어머니는 집안 친척들의 잦은 출입으로 늘 바빠도 집 안팎을 깔끔하게 다스리셨다. 특히 우리 집에서 숙식을 하며 대학을 다니는 당숙과 육촌오빠들은 언제나 내 이야기를 잘 들어준다. 방학이면 고향에서, 군입대해서도 편지를 보낸다. 나도 답장을 하면서 자연스레 편지 쓰는 일이 즐겁다. 또 여러 모임에서 알게 된 이들과 주고받은 다른 한 상자 안의 편지들이 있다. 함박꽃같이 피어나던 학창시절의 이력을 말해주는 것 같은 편지들을 가끔씩 꺼내보며 여태 끌어안고 살아온 친구들이다.

누렇게 바랜 몇 십 년 묵은 편지들이 지금도 저마다 머리를 들고 그 때의 사연이라 말을 건다. 연이어 풀어가는 이야기 꾸러미들. 한 묶음의 띠가 풀리며 예전 모습들이 꿈결인양 피어오른다. 뒤따르는 사연의 고리를, 추억에 묶인 시간의 띠를 헤집어 상념 가득한 상자 속 손편지들에게 작별을 고할 시간이다. 결국 세월을 덜어내는 힘든 일이지만 단단히 마음속 기억으로 접어 넣고 용기를 낸다. 차츰 희미해지는 기억의 원형은 그래도 그림자처럼 동행하지 않을까! 가을 낙엽처럼 허공에 뿌려진 세월, 미련 없이 끊어낸 빈 자리에 나비가 난다.

언제 어떤 변화가 올지 모르는 나의 삶, 맑은 정신일 때 내게 쌓인 것들과 하나씩 이별해야 한다는 생각이 입원해 있는 동안 절실했다. 단출하고 가벼워져야 불덩이보다 뚜렷했던 기억들이 흐려지는 사이 치자꽃물 번진 노을처럼 조용히 정리될 수 있을 것이다.

인연의 띠를 풀어내고 나니 허허롭다. 숙제를 마친 아이처럼 조금은 시원하다. 그런 것이었다. 내려놓고 끊어내는 일이 쉽지는 않다. 그러나 내가 세상에 올 때 혼자서이듯 떠날 때도 혼자일 수밖에 없는데 미련에 욕심을 부리는 어리석은 일은 하지 않아야 한다. 잠자리 날개처럼 날려버린 편지글들, 이제 풀린 띠가 되어 가벼이 자유롭다.

동행

그가 가까이 있었는데 알아차리지 못하고 무심하였다.

의사는 문진을 마치고 뇌 PET-CT(양전자단층촬영)와 피검사를 했다. 결과는 두 주 후에 나온다며 그때까지 복용할 약도 처방해 주었다. 약을 복용하면서 차분해지려고 애를 썼지만 머릿속은 여러 겹으로 엉겨 체중도 2 킬로그램이나 줄었다. 파킨슨병 초기 진단이 나왔다.

작년에 심장박동기 삽입 수술을 하면서 병에 둔감했는지 병명을 듣고도 놀라지 않았다. 병명을 알 수 없을 때의 초조한 마음은 사라지고 차라리 편안했다. 마음대로 이리저리 상상하거나 궁상을 떨지 않아도 되었다.

병에 대한 예방과 대책을 세울 수 있다고 주변에서 위로한다. 두 주 동안 먹은 약이 효과를 냈는지 불편하던 몸의 일부가 조금 유연해져 다행이다. 초기니까 관리를 잘 하면 일상생활에 지장이 없다고 의사는 환자를 안심시킨다.

지난 4월, 아무도 없는 쓸쓸한 주문진 바닷가에서 석양을 바라보며 노을 속으로 빠져들던 해님이 위로처럼 떠오른다. 시간이란 개념이 공간과 어울려 삶을 계산해도 그건 흘러간 시간일 뿐 공간에 머물지 않았다. 아프고 불편한 작은 변화가 변화로 남는 것이 아니라, 그저 내 삶의 한 과정으로 들어선 것이라 여기면 편하게 받아들일 수 있는 것이 아닐까. 창창한 나무들도 가을이 오면 단풍 들고 낙엽이 되어 흙으로 돌아간다. 새로운 탄생을 위해 기꺼이 자리를 내어주는 자연의 순리를 보면서 내게 왜 파킨슨병이 왔을까 따지지 말라고 소곤대는 것 같다. 되돌아보니 힘들고 고생스러웠던 시절의 괴로움은 떠오르지 않고 즐거웠던 기억, 좋았던 추억만 생생하다. 지금의 환경이 나를 편안하게 한다. 그래서일까?

병은 아직 초기여서 나를 심하게 괴롭히지는 않으나 몸의 일부가 조금 불편하다. 그렇기에 운명처럼 다가온 그를 담담하게 맞이할 뿐이다. 가끔 주위에서 안 되었다는 시선을 보이며 걱정을 하는데 이미 내 속에 들어와 일부가 된 그는 남은 시간을 함께 할 또 다른 나의 동반자이다. 남편은 셋이서 동행하는 길이라고 위로한다. 살다

보면 어쩌다 예견하지 못한 일들이 일어날 때가 있듯이, 나에게도 예외가 아니게 닥친 파킨슨병이다. 반갑지 않아도 마음 상하지 않고 스스로 넉넉하게 받아들이는 지혜를 끊임없이 주문한다.

주위에 심한 이상증상으로 고통을 받는 이들이 생각보다 많다. 그에 비하면 내 인생의 황혼기에 찾아든 그를 다독이며 지내야 한다. 의사가 하라는 대로 긍정적으로 생각하며, 행복했던 추억들을 찾아 즐겁게 살아가려는 의지를 다진다. 필요한 만큼 운동은 늦추지 않고, 더듬거리는 몸짓에 중심을 잡아 글쓰기에 열심을 다하면 조화롭게 생활할 수 있을 것이라는 믿음을 갖는다. 그리하여 내게 주어진 가능한 행복들로 따뜻하게 심장이 뛰는 하루하루를 장식하고 싶다.

비가 내린 뒤로 조금씩 찬 기운이 돈다. 하늘이 호수처럼 맑고 푸르다. 가을비가 지나면 슬며시 겨울 바람이 제자리를 찾아들겠지. 순환의 순리, 많은 것을 느끼게 하는 가을비 속에서 다가오는 겨울을 준비하듯 그를 품는다. 나의 동반자로 동행하고 있다는 사실을 또 한 번 되새기면서.

파킨슨씨병이래요

철쭉이 진달래꽃을 밀어내고 진하게 펴지던 작년 오월, 심장박동기 삽입 수술을 받았다. 몇 개월이 지난 어느 날 왼쪽다리에 이상이 왔다. 발이 무겁게 끌리고 신발 신기가 불편하다. 왼손잡이인 나의 왼손에 힘이 빠지고 말도 어눌해졌다. 내 몸에서 무슨 일이 일고 있는 게 분명하다.

의심을 하기 시작하면 끝이 없나보다. 심장박동기 삽입 수술을 할 때 혹시 주위의 신경을 건드려 생긴 것인가, 안개 퍼지듯 불안이 인다.

용기를 내어 대학병원 신경과를 찾아 여러 종류의 검사를 받았다. 2주 후에 나온 결과는는 '파킨슨씨병* 초

* 파킨슨씨병Parkinson's disease은 노화와 관련되어 발생하는 신경퇴행성 질환의 하나이다. 중뇌의 흑색질이라 불리는 도파민dopamine 세포가 줄어들면서 진전(떨림), 근육의 강직, 서동(행동 느림) 등의 운동장애가 나타난다. 1812년 영국의 의사 제임스 파킨슨James Parkinson

기'라는 진단이다. 맑은 하늘에 흰 구름이 유영하듯 흐르는데 어디서 왔을까, 회색빛 먹구름에 싸여 한바탕 소나기를 퍼붓는다. 세상이 흙빛처럼 적막하다. 사람들의 무리 속에 소나기를 맞으며 동그마니 혼자 있는 내 모습이 보인다. 전혀 예상치 못했던 엄청난 현실을 어떻게 받아들여야 할까, 왜인가? 꼬리를 물고 밀려드는 의문은 너울처럼 울렁인다.

한 차례 폭풍처럼 다가온 낯선 삶이 무겁고 착잡하다. 이제부터 파킨슨 씨가 알려준 이 질병과 함께 살아가려면 끊임없이 무엇에 대한 관심을 기울이고 열심히 무엇을 살펴야 한다. 매사 긍정적인 사유와 생활 태도를 유지한다면 노화의 진행 속도는 늦춰질 수 있다고 의사가 격려한다.

인간이 나이가 들면 반듯하고 너그러워지거나 더 고집스러워지는 변화를 나타낸다고 한다. 앞으로 살아갈 날이 길지 않은데 남은 인생 순리대로 바르게 살아야겠다. 배려는 이웃을 훈기로 채워준다. 좀더 배려하는 마음을

이 처음으로 보고하여 그 이름이 붙여졌다. 그러나 흑색질 신경세포의 변성이 일어나는지에 대해 보고된 것은 없으며, 완치가 어려운 질병이라고 관련 자료에 설명되어 있다.

가져야겠다고 다짐한다.

주변을 둘러본다. 태어나서부터 장애를 가진 이, 생의 중간 지점에서 장애를 갖게 된 이들의 삶은 고통의 연속일 수 있다. 그런데도 온몸으로 도전하는 많은 이들을 본다. 지금의 내 모습은 정상수치라 감사하자. 어쩌다 나를 택하여 나의 한 부분이 된 파킨슨씨병을 원망하는 어리석은 기우를 던져버리자.

텁지근하던 여름이 속절없이 지나고 노목老木처럼 물기 거둔 시간들도 내 삶의 새로운 출발점이 되었다.

아들 삼형제 가족들이 부모와 새해를 맞이하려 집에 모였다. 아이들이 서로를 위하고 보듬는 모습을 보면 봄날처럼 훈훈하다. 부모 앞에서 어린 자녀와 함께 작은 선물을 주고받으며 새해를 맞는 자식들이 대견하다. 언제 저렇게 성장했나, 때로 파킨슨씨병에 고통 받는 엄마를 향해 안타깝도록 애잔한 눈길을 건네는 자식들을 보면 나도 모르게 울컥 울음이 쏟아질 것 같아 얼굴을 돌린다. 격려하며 기氣 세워주는 남편을 위해서도 자신을 가다듬어 내 생애 신나는 반전을 꿈꾼다.

한해의 시작을 알리는 이 시각, 새해는 파킨슨 씨가 어떤 변화를 던질 것인가, 어떻게 준비하라 할 것인가?

옷깃 시린 찬 공기를 타고 함박함박 눈이 내리면 좋을 것 같다. 나도 힘껏 하늘로 날아올라 눈꽃이 되어본다. 서설瑞雪의 새날에 파킨슨 씨, 그가 생의 저편에서 향기로운 내일의 퍼즐을 맞추고 있다.

파킨슨 씨 들리나요

파킨슨 씨와 만난 지도 일 년이 넘었다. 그동안 약 처방을 몇 번씩 바꿔가며 조정하였다. 하루에 다섯 시간 간격으로 복용하지만 약 기운이 떨어질 즈음이면 왼발이 끌리고 왼손에 힘이 없기는 별 차이가 없다. 피곤이 오면 왼쪽다리의 부기와 굽은 허리가 펴지지 않는다. 여전히 변비와 요실금이 시간을 잡아매고 공간을 앗아간다. 변비가 해결되면 막혔던 봇물이 터지듯 쉴 새 없이 소변을 흘려보내야 한다. 연인이 찾아오듯 2~3일씩 같은 일이 반복되는 이 현상은 언제까지 감당할 몫일까?

이미 여행은 포기하였다. 2~3십 분마다 정차하는 버스나 휴게소가 없는 현실에서 머릿속 상상을 펴는 게 고작이다. 입술이 얼굴 왼쪽위로 올라가며 조금씩 얼굴 형태를 틀어 놓는다. 열심히 아래위로, 옆으로 입술을 돌려 비뚤어지는 입 모양이 더 이상 진전되지 않도록 반복운동을 한다. 꾸준히 운동하는 동안 살아가는 이치도 이와 다르지 않다는 경험을 할 때면 어쭙잖은지 웃음이 절로 난다.

새로운 증상이 나타났다. 몸 전체가 흔들리기 시작한다. 지팡이를 짚거나 벽을 붙잡거나 사람에 의지하지 않고 지지대 없이 서 있을 때다. 손등과 팔다리가 눈을 어지럽힌다. 핏줄이 선명하게 굵어져 마치 지렁이가 온몸을 틀어대며 기어 다니는 것 같다. 핏줄이 늘어지고 근육이 빠져나가는 것은 아닌지 머릿속이 복잡해진다. 반소매 웃옷은 입기조차 민망하다. 병을 알고 난 후부터 몸이 어디 부딪치면 그 주위 근처까지 멍이 퍼렇게 자리 잡는다. 전에는 그렇지 않았다. 피부 속 실핏줄이 터지면서 번지는 것일까?

파킨슨씨병 처방약이 복용하고 있는 순환기내과 관련 약과 상호 작용을 일으켜 몇 번의 저혈압이 왔다. 깨질 것처럼 머리가 아프고 어지러워 아무것도 할 수 없던 상황은 잊고 싶은 기억이다. 지금까지 넘겨 보낸 상황보다 극복해야 할 증상이 하나씩 늘어나고 있는 것 같아 더욱 정신을 긴장하며 날을 보낸다.

다행히 왼손잡이어서 습관적으로 자주 사용한 게 운

동이 되었는지 왼손에 조금씩 힘이 들어간다. 잠꼬대가 심하다는 남편의 말을 듣고 잠자기 전에 복용하라며 의사가 처방해준 반쪽짜리 알약을 먹는다. 대체로 쉽게 잠이 들고 험악하던 잠꼬대도 순하고 가볍게 그치는데 도움을 주었다.

"나 파킨슨이에요."

"정말이요? 그렇게 안 보여요."

"괜찮아요. 어쩌겠어요, 나를 좋아한다는데…."

병은 소문을 내라고 한다. 관여하고 있는 모임에서 서슴없이 파킨슨씨병을 앓고 있다는 공표를 한다. 가끔 내 어설픈 모습을 보고 왜 그럴까 궁금해 할 것 같기도 하고, 혹시 뒤에서 말하는 것을 듣는 경우가 있지 않을까, 노파심이 싫어서다. 더 중요한 것은 병에 대한 스스로의 긍정적 생각을 올리려는 노력의 한 표현 방법이다.

병은 시간과 평행선으로 달린다. 종착점을 향해 나란히 같은 변화를 일으킨다. 약 복용시간을 전후하여 서서히 무기력해지는 몸. 매일 운동을 하고 제때에 약을 먹고 균형 있게 식사를 해도 빠져나가는 근육을 막을 길이 없다. 살갗이 너울너울 파도가 밀리듯 겹쳐진다. 벌써 5kg이나 줄었다. 부서지는 몸을 정신으로 이겨보겠다고 안

간힘을 쓴다. 열심히 읽고 쓰려는데 방해를 할 때면 그가 미워진다. 미워할수록 더 괴롭히는 그를 '사랑하자, 감사하자' 노래처럼 되뇌어 스스로에게 최면을 건다. 인간의 감정이 요사를 떠는 것인가, 내가 그런 것인가? 어떻게 하면 괴롭던 증상들이 안개 걷힌 하늘처럼 맑게 잦아질까? 그와 함께 동행하면서도 헤어졌으면 싶기도 하고, 헤어질 수 없다는 것을 알기에 받아들여야 하는 자신이 가끔씩 혼란스럽다.

인생도, 삶도 지금의 내 모습과 다르지 않다. 적지 않은 장애우들이 고통과 아픔을 견디며 삶에 도전하는 노력 앞에 나는 더 겸허해져야 한다.

갈 길이 머지않은 나의 시간 앞에 찾아온 파킨슨 씨 당신, 그에 비하면 나는 이제껏 후회 없이 잘 살아왔다고 믿는다. 그러나 모자람도 없지 않았을 것이기에 다시 마음을 다잡는다. 그가 내게 왔다고 속상해하지 말고 미워하지도 말자. 그냥 그대로 사랑하고 보듬어가는 겸손함을 잊지 말아야 한다.

혼돈으로 얼룩지려는 내 마음이 그들과 함께 치유되는 긍정의 힘을 기를 것이다.

고비넘기 - 두 편의 시

그가 오던 날

여름 한낮
나른해진 팔 다리
왼손잡이 손마디 힘이 샌다
왼손 따라 왼발
숨 고르는 것은
세월의 예의라던가
허리 굽혀 발아래 인사하고
허리 펴며 하늘 향해
웃는다

머리에 눌린
어눌한 목소리
겨울 문풍지같이
떨리는 마음 흔들리는 영혼

박자도 음표도 없이
숨바꼭질하네
앞서고 뒤서는
낯선 언어들이
허공을 맴돌며
속없이 이어간다

파킨슨씨병
그가 내게로 오던 날
장미꽃 다발 묶어 꽃 장식하고
보일 듯 아닌 듯 입 맞추는 것은
삶이 그러하듯 사랑하고
빈 가슴으로 동행하려네

그렇게 산다

발그레한 아침노을
창 틈새로 얼굴 들이면
볕뉘 발그레 웃네
왼발 떨어지지 않아도
밉지 않고

어눌한 말소리
이글대는 입놀림 맵시
안개처럼 퍼지면
그것도 내 몫
싫지 않네

칠십에 반을 넘긴
여린 눈길 하얀 머릿속
도깨비 꿈같은 허망한 한밤중
바라춤으로
오늘도 어제처럼

보듬어 잡아주는
손길 있어
아프지 않네

반쪽이 하나 되어
둥글게 익어도
갈대처럼 흔들리는
수줍은 몸뚱이여
잔물결 파도 타고
조용히
그렇게 사라지는
저녁노을 같은 삶이어라

내일을 여는 아이들

- 할아버지와 첫 손녀
- 우리 언니는 빨간띠야
- 팩 하세요
- 에로스의 화살이 꽂히는
- 막내 손녀
- 백일떡
- 인연의 고리
- 인천소년교도소 이야기
- 보이스카우트의 첫 울림
- 실수 비틀기
- 「History-1419」와 시화전
- 더 가까이

할아버지와 첫 손녀

아파트 화단 잘 가꾸어진 돌 틈 사이로 신부처럼 화사한 철쭉이 정답게 어우러져 웃는다. 스치는 솔바람에 의탁하였는지 봄 햇살처럼 아름답다.

토요일이라 아들 내외와 함께 손녀 수아와 수민이가 왔다. 자매는 오늘 우리집에서 자는 날이다. 특별한 일이 없는 한 매 주마다 그렇게 해왔다.

"할아버지, 이야기 준비하셨어요?"

첫째손녀 수아가 주문한다.

"할아버지, 놀아주세요?"

둘째손녀 수민이의 요구사항이다.

유치원에 다니는 수민이는 언니가 할아버지를 독차지 할까봐 놀아달라고 미리 할아버지에게 달려가 안긴다. 애교가 많고 끼가 넘치는 수민이를 할아버지는 윤기가 흐르는 손녀라며 귀여워하는데도 늘 언니에게 밀린다는 생각이 드는지 가끔씩 억지를 부린다.

초등학교 2학년인 수아는 할아버지가 매주 연속으로 들려주는 이야기 재미에 폭 빠져든다. 수민이도 덩달아 듣지만 아직 어려서 언니보다 느낌이 약해 보인다. 저녁 식사가 끝나고 아들 내외가 제 집으로 떠나면 이제부터 아이들에게 우리 집은 놀이터로 변하고 이야기 마당이 된다.

수아는 할아버지의 팔베개를 베고 누워 할아버지가 들려주는 이야기를 듣는다. 수아가 이미 읽어서 거의 내용을 알고 있는 「삼국지」라든가, 「이순신 장군」 이야기, 아니면 「헬렌 켈러 자서전」 같은 위인들의 이야기가 대부분이다. 할아버지가 「삼국지」 중의 몇 장면을 설명할 때는 그 장면들을 연상할 수 있도록 큰 소리를 내고, 말 탄 장수들이 숨 가쁘게 달리는 시늉을 한다. 어느 대목에서는 소곤소곤 소리를 낮추어가며 표정을 지어 마치 영화를 보는 기분이 들게 이야기를 들려준다. 그럴 때마다 수아는 신명나고 재미있는지 이야기 속으로 빠져들어 함께 흥분하고 장수같이 숨을 몰아쉬다 슬그머니 할아버지 품에 안겨 잠이 든다.

할아버지는 아들 삼형제에서 다섯 명의 손주를 보았

다. 둘째아들과 셋째아들에게서 각각 손자를 본 후 큰아들한테 손녀 둘이 태어났다. 처음으로 집안에 딸아이를 보게 된 것이다. 셋째아들이 예쁜 딸을 또 낳아 손녀가 셋이 되었다. 든든한 손자 둘에, 보석같이 빛나는 손녀가 셋이니 언제나 웃음꽃이 한광주리이다.

첫 손녀 수아는 쌍꺼풀진 눈이 유난히 깊고 맑다. 어려서부터 큰아이처럼 신중하고 점잖은데다 순해서 울거나 보채는 일 없이 잘 자랐다. 우리 집 가까이에 살아서 태어날 때부터 거의 매일 보는 첫 손녀이기 때문인지 할아버지는 특히 수아를 예뻐한다.

수아가 초등학교에 입학한 후로 늘 손에서 책을 놓지 않는 할아버지처럼 책 읽기를 즐기고 책의 종류도 다양하게 넓혀갔다. 그뿐 아니라 할아버지의 이야기를 들을 때면 눈을 맞추고 집중하는 모습이 기특하여 할아버지는 더 많은 이야깃거리를 준비해서 들려주곤 한다.

어느 날 할아버지가 『수수께끼집』과 『초등학생용 유머』 책을 사오셨다. 수아가 오는 날 몇 가지 준비해서 함께 수수께끼를 풀고, 재미있는 유머를 들려주면서 끝말잇기도 한다. 할아버지는 수아가 크게 꿈꾸고 넓게 상상하며 낱말도 많이 익힐 수 있을 것이라는 생각에서란다.

요즘 들어 할아버지는 수아에게 장기를 가르친다. 삼국지에 나오는 수많은 장수들이 어떻게 처신하고 전략을 세워 싸웠는지 상상하며 지혜롭게 풀어갈 수 있도록 실전처럼 둔다. 바둑도 가르치기 시작했다. 바둑의 수를 익히는 동안 은연중에 깊이 생각하는 습관이 자랄 수 있을 것이라는 바람에서다. 수아도 그렇게 할아버지와 보내는 시간을 즐기고 있는 것 같다.

할아버지와 첫 손녀 수아의 정겨운 모습을 바라보면서 간혹 '할아버지에게 딸이 없어서 저렇게 살뜰할까!' 생각이 들기도 하지만 나의 노파심에 불과할 것이라 여겼다. 아들이든 딸이든 손주는 우리 부부에게 행복 바이러스이다. 특히 할아버지는 손녀와 즐겁게 보내는 시간이 더없이 소중하고 포근하게 느껴질 만큼 따뜻해 보인다. 할아버지는 시간이, 여력이 미치는 동안 손주들과 자유롭게 어우러져 지낼 수 있는 힘과, 기대는 언덕이 되어주는 것이다. 할아버지에게 손녀의 정을 흠뻑 느끼게 해드리고 싶다.

오늘도 수아에게 들려줄 이야깃거리를 만들고, 수민이와 놀이할 스케치북을 찾느라 할아버지의 손이 바쁘다. 간식을 준비하면서 나도 할아버지를 향해 한 마디

건넨다.

"수민이가 할머니 얼굴을 그릴 때 예쁘게 그리라고 말씀해주세요!"

진분홍 철쭉이 연두색 잎새 사이에서 살포시 웃는다. 어느덧 창 너머 봄볕이 익어가는 것은 여름으로 향하는 몸짓이리라.

우리 언니는 빨간띠야

수민이는 언니의 빨간띠가 부럽다. 언니는 줄넘기도 잘 한다. 저도 빨리 빨간띠를 따고 싶단다.

내 어린 시절, 우리 집 마당은 사철 꽃으로 가득했다. 그중 키가 작고 올망졸망하게 피는 채송화는 줄기와 잎이 아기의 뽀얀 귓밥처럼 도톰하고 꽃을 바치고 있는 모습이 귀여워 많이 좋아했다. 다섯 살의 둘째 손녀 수민이를 보면 채송화를 보는 것처럼 사랑스럽다. 도톰한 입술이며 앙증맞게 작은 손과 예쁜 얼굴이 닮았고, 엉뚱하게 대답하는 말솜씨와 동작이 채송화의 다부진 외형을 연상시킨다.

유치원에 다니는 수민이는 제 나이 또래보다 키가 조금 작은 편이다. 아파트 아래층 사람들에게서 시끄럽다는 소리를 들을까 봐 조심해서인지 발뒤꿈치를 들고 까치발을 하며 발레리나처럼 걷는다. 집안에 있을 때는 습관이 되어 그렇게 사뿐사뿐 날아다니기 때문에 키가 큰 것 같은 착각을 준다.

토요일 저녁이면 큰아들네 식구가 와서 함께 저녁 식사를 한다. 수민이는 현관에 들어서면서 재빨리 문 뒤에 숨어 있다가 할아버지가 찾아내면 냉큼 품에 안기는 귀염둥이 손녀이다. 토요일마다 자매는 저녁식사를 마치고 부모와 떨어져 할아버지 집에서 자는 날로 알고 있다. 아이들이 자라면서 할아버지, 할머니와 소원해진다는 말들을 한다. 어느 정도 맞는 이야기인 듯하다. 그러나 아직까지 자매는 할아버지, 할머니의 품을 따뜻하게 느끼는 것이 눈에 보여 정답다.

다음날 아침 할머니가 외출 준비를 위해 화장대 앞에 앉으면 수민이는 바쁘고 분주하다. 경대鏡臺 옆에 서서 할머니가 바르는 순서대로 화장품을 찾아 하나씩 집어준다. 마치 제 자신이 화장을 하듯 즐거워한다. 그리고 할머니의 화장기 오른 얼굴을 만족한 표정으로 바라보며 큰일을 해낸 것처럼 천진하게 웃는다.

유치원에서 수민이는 때때로 장난기 심한 친구들을 잘 구슬려 조용하게 만드는 재주가 있다고 선생님이 말씀하신다. 재롱잔치 때 수민이 반은 무용 발표를 했다. 그런데 옆 친구가 한 동작이 틀려 흩어지려는 것을 재빨리 손을 잡고 다음 동작으로 이끌어 무사히 마쳤다. 아직 유치원이 낯설어 우는 친구와도 잘 놀아주어 칭찬해주시는 선생님과 좋아하는 친구들이 늘 옆에 가득한 예쁜 모범생이다.

어느 날, 같은 아파트에 사는 같은 유치원 7세반 남자아이가 수민이를 보더니 "땅꼬마 수민아 메롱" 짓궂게 놀리며 달아난다. 수민이는 뒤돌아 그 자리에 서서 두 팔을 탁탁 내리치며 겁도 없이 큰소리친다.

"우리 언니는 빨간띠야. 우리 언니한테 이를 거야!"

화가 난 목소리였지만 기세가 등등하다.

수민이는 빨간띠를 딴 언니가 그날따라 자랑스럽고, 그렇게 말할 수 있어서 신이 난 모양이다. 기분도 어느 정도 풀린 것 같다. 7세반 오빠는 겨우 노란띠이고 언니와 같은 태권도장에 다닌다. 당돌하기까지 한 수민이를 보고 있으면 저 조그만 머릿속에서 어찌 그런 깜찍한 소견이 나올까 궁금해진다.

수민이에게 언니는 언제나 커 보이는지 공연히 심통을 부리고 억지떼를 쓰기도 한다. 태권도장 오빠들이 언니를 귀여워해주고, 학교에서도 부반장이며, 할아버지 생신

날 생일 축하 노래를 피아노로 반주하여 칭찬 받는 것이 부럽다. 때때로 샘이 나고 심술을 부리기도 하지만 언니가 학교에서 늦으면 창밖을 내다보며 하염없이 기다린다. 언니가 마냥 좋은 수민이는 보일 듯 아닌 듯 언니와 경쟁하면서 저도 모르는 사이에 언니를 닮아가고 있다.

재치가 넘치고 영특한 둘째 손녀 수민이. 내 어머니의 화려한 꽃동산을 야무지게 장식했던 도톰한 색색의 채송화를 느끼게 해주는 수민이. 채송화 꽃말처럼 빛나는 수민이가 빨간띠 언니를 자랑삼아 그만의 단단한 꿈을 키우고 있다.

팩 하세요

"할머니?"

"신후 오는구나."

이번 어버이날은 월요일이다. 어버이날이 공휴일에서 제외된 후 손주들 등교와 맞물려 평일에 모이는 일이 쉽지 않다. 세 며느리의 의견은 이틀 앞서 토요일 오겠다고 한다. 큰아들은 우리 아파트 앞 동에 살지만 둘째와 셋째아들네는 서울 목동과 경기도 산본에 산다. 파킨슨씨병 진단을 받기 전에는 세 아들이 돌아가며 마련했다. 아들네 집 근처에서 외식하고 집으로 가 케이크와 선물로 분위기를 띄워준다. 지금은 우리집으로 장소가 바뀌었다.

집안에 행사가 있을 때 아들 내외보다 손주들이 더 신경을 쓴다. 용돈을 줄여 할아버지 할머니가 필요하거나 좋아할 것 같은 선물을 장만하는 것이다. 그 마음이 사철나무처럼 풋풋하고 가상하다. 아홉 살짜리 시은이가 준비한 선물과 축하 카드를 들고 앞에 서면 그 뒤로 손녀, 손자들이 나이순으로 이어 선물한다.

"할아버지 할머니, 카드는 나중에 혼자 보세요."

손주들은 제각기 할아버지, 할머니와 비밀을 만들어 즐길 때도 있다. 끝으로 맏손자 신후의 차례, 할아버지께 면도기를 드린 다음 잠시 숨을 고르더니

"할머니, 팩 하세요." 한다.

미백美白과 주름 개선용 기능성 팩이다.

중학교 3학년이 되면서 훌쩍 자란 신후는 할머니보다 머리 하나만큼 더 크다. 할머니가 전처럼 안아보려 했으나 힘이 달리고 버겁다.

"신후야, 너를 안아주지 못하겠구나. 이제 네가 할머니를 안아줘야겠다."

할머니의 갑작스런 주문에 쑥스러운 듯 엉거주춤하던 신후가 어설프게 내 등 뒤로 손을 가져간다. '시작이 반'이라고 집에 오는 날이면 자연스레 다가와 안는다. 그 순간 할머니는 마치 구름에 안긴 듯 행복하다.

신후는 마음이 여리고 말수가 적으나 가끔 엉뚱한 행동을 보여 집안을 놀라게 하는 재주가 있다. 첫손자가 태

어났다는 소식에 가슴속은 두방망이질하듯 두근거리고 감격스러워 감사하던 기억이 어제 같은데 벌써 중학교 졸업반이다. 유치원에 들어갈 무렵에는 순발력이 뛰어나고 영민하게 놀더니 초등학교 학생이 되면서 호기심이 부쩍 늘고 과학에 재미를 붙였다.

하루는 물 대접에 젓가락이 빠져 있는 것을 보고,

"할아버지, 젓가락이 굴절됐어요."

신후는 신기해서 말했지만 그 소리에 할아버지는 크게 놀라워했다. 초등학교 2학년짜리가 굴절을 배웠다는 게 신통하고 듬직했다.

"어머니, 밖이세요?"

둘째며느리의 목소리가 어딘지 들뜬 느낌이다.

"그래. 지금 집으로 가는 길인데 무슨 일이 있니?"

나도 모르게 공연한 불안이 스친다.

"아니에요. 집에 도착하시면 인터넷 다음에서 코리아타임스를 치세요. 신후가 나와요. 신후가 대상을 탔어요."

며느리는 자못 흥분이 가라앉지 않는 것 같다. 나도 조금씩 가슴이 뛰기 시작한다, 집으로 가는 발길이 급하게 종종댄다. 정말 대상이란 상장에 정신후 이름이 새벽이슬처럼 빛을 발하며 화면을 장식하고 있다.

코리아타임스사는 전국 어린이 대상의 영어능력시험을 실시한다. 신후가 〈제14회 국제영어경시대회〉 초등학교 3~4학년 부문에서 4학년을 젖히고 대상을 탔다. 그 흔한 과외 한 번 하지 않고, 혼자 미국 초등학교 교과서와 동화집을 주문해 익히면서 스스로 노력한 결과이리라.

중학교에 가서도 대학별로 실시하는 영어, 수학 경시대회에서 심심찮게 금, 은, 동상을 받아와 집안에 웃음꽃을 피웠다.

그러던 신후가 요즘 모바일 게임에 빠져 있다. 얼굴에 잡티가 돋고 딸기처럼 빨긋빨긋 꽃도 만발하다.

"할머니, 저 사춘기예요."

이유를 묻는 할머니에게 여드름이라고 당당히 말하는 신후가 낯설어 보이고 많이 컸구나, 생각도 든다. '아직 중학교 2학년인데 사춘기가 왔다고? 요즘 아이들에게 사춘기가 빨리 오는가? 신후의 선물들이 말해주고 있는데 미처 깨닫지 못한 것인가? 내게 준 선물들이 목걸이에서 블로치, 마스크 팩까지 발전하지 않았나!'

3학년이 되면서 빡빡하게 짠 시간표대로 학원에 간다. 공부가 힘이 들어 계속 게임에 빠지는 것은 아닌지 걱정이다. 큰아들에게는 자매가, 셋째네는 남매를 두었는데 둘째네만 신후 혼자라 늘 마음이 쓰인다. 할머니집에 와서도 사촌들과 잘 어울리지 않고 혼자 있는 때가 적지 않다. 손주 다섯이 포도송이마냥 커서도 친 형제자매처럼 지내기를 바라며 의식적으로 모이는 기회를 자주 만들었다. 그러나 신후는 매번 혼자 겉돌기 일쑤다.

청소년들에게 사춘기는 아름다운 때이다. 호기심이 많아지고, 세상일이 궁금하다. 보고, 듣고, 생각하는 습관이 자라는 시기가 아닌가. 가끔은 호기를 부리고 어깃장 놓고 심술에 트집까지 잡으며 엉뚱하다. 그러나 사춘기는 물 흐르듯 지나가고 성숙하게 갖춰진 모습으로 청년의 길로 들어서리라. 할머니의 걱정이 기우로 그치리라.

할머니는 오늘 거울 앞에서 신후가 선물한 팩을 얼굴 한가득 펴 가볍게 두드린다. 어버이날에 올 손주들에게 목화솜같이 뽀얀 얼굴, 보름달처럼 탱탱해진 모습을 보여주리라.

에로스의 화살이 꽂히는

시우가 고등학교 입학할 무렵부터 자라기 시작하더니 지금은 키가 182센티미터에 몸무게가 64킬로그램이다. 금방 따온 복숭아처럼 불그스레 뽀얀 피부와 이목구비가 반듯한 게 쥬피터를 연상할 만큼 의젓해서 요즘 인기 많은 아이돌보다 더 멋져 보인다. 태어날 때부터 백옥같이 고운 피부는 커가면서 더욱 돋보이게 했다.

그런 시우가 태어나 돌이 지나고 걷기 시작하면서 자주 칭얼대고, 울기도 만만치 않았다. 거기다 몹시 수줍어하여 할아버지가 부르면 엄마 뒤에 숨어 있다가 또 운다. 그래서 붙은 별명이 울보다. 한동안 울보로 커가나 싶던 어느 봄날, 장난감 가게에서 「토마스와 친구들」의 토마스 기관차를 본 후로 달라지기 시작한다. 토마스 기관차 이외의 장난감에는 눈도 주지 않고 오로지 새로 나오는 토마스 기관차만 기다리며 끝내 기관차의 차고까지 모으고 나서 다른 데 관심을 쏟는다. 마치 에로스의 화살처럼 줄기차게 한 곳을 향해 날아가듯.

어린이집에 다닐 때 만난 공룡은 새로운 관심사였다. 공룡 모형을 본 후로 공룡에 열을 올리더니 제 엄마에게 공룡백과사전을 사달라고 했다는 것이다. 이미 한글은 뗀 후여서 혼자 보고 또 보고 읽고를 반복한다.

고양이털같이 부드러운 바람이 슬며시 볼을 스쳐 지나가고, 사방으로 퍼지는 향긋한 라일락꽃 향기가 발걸음을 재촉한다. 신선함을 더해주는 오월 중순, 셋째며느리가 아범 생일이라며 오기를 청해서 지금 시우네로 가는 길이다. 인천서 경기도 산본까지 가려면 지하철로 가는 데 한 시간 반은 족히 걸리는 거리이다. 오늘 외출의 의미는 생일 음식에 있는 것이 아니라 그동안 시우가 공룡과 얼마나 친해졌는지 궁금해서다.

예상은 빗나가지 않았다. 공룡에 대한 시우의 관심은 백과사전을 넘어 또래 가운데 전문가 수준이다. 200여 종 공룡의 생태와 그들이 어떻게 지구상에서 사라졌는지의 과정을 할아버지께 조리 있게 설명을 한다. 누구의 도움도 없이 스스로 만족해야 손을 놓는 지구력과 열정을 보이는 손자다. 그 열정은 토마스 기관차에서 이미 보아온 터. 그래서 어떤 요구나 누구의 지시에도 굽히지 않고 혼자 하겠다는 집착에 빠져있지 않나 하는 걱정도 된다.

시간은 물 흐르듯 빠르게 지나간다. 아이들은 학교에 들어가는 것만으로도 어른이 된 것처럼 우쭐대는데 시우도 예외는 아닌 듯싶다. 학기가 시작되고 시우의 학교 생활도 순조로워 반 친구들과 잘 어울려 지낸다. 1학기가 끝나갈 무렵 반 친구들 중 몇 명이 한자자격시험을 본다며 공부하는 것을 보면서 재미있겠다는 생각을 한다. 글자에 뜻이 있다는 게 신기하고 흥미로웠나 보다. 그 친구들은 같은 한자교육학원에 다니며 급수 자격시험을 준비한다고 했다.

오랜만에 시우가 관심을 보이자 며느리가

"시우야, 너도 한자교실 끊어줄까?" 하니까

"아니요, 책만 있으면 돼요." 했다는 것이다.

시우의 화살이 시위를 떠날 채비가 되었다는 신호이다. 화살의 속도는 가늠할 수 없을 만큼 한 곳으로 날아간다. 어디에 가서 꽂힐 것인가?

초등학교 2학년 때 6급부터 시작한 시우의 한자 공부는 혼자서 빠르게 급수 자격을 올린다. 글자 하나하나에 뜻이 있고 특히 네 글자로 된 고사 성어故事成語를 익힐 때 달콤한 사탕 맛처럼 황홀하고 의미가 명확하게 들어온다고 멋쩍게 웃는다.

드디어 4학년 2학기 중간쯤에 제49회 대한민국 한자급수자격검정시험에 응시하여 공인 준2급에 합격했다. 한자급수자격 공인 준2급은 평생 유효한 급수이며 정부가 관리한다. 또 자격증도 집으로 보내는 것이 아니라 학교로 보내어 학교에서 전달하였다. 이 일은 금방 학교를 빛낸 어린이로 퍼져 엄마들에게 충격을 준 사건이기도 하다.

아이들은 하루가 다르게 변화를 거듭한다. 시우의 시간에도 변화의 싹이 보일 것 같은데 여전히 한 곳으로만 달린다. 중학교에 들어가면서 몸이 부실해졌다고 운동을 하더니 이번에는 야구에 화살이 명중했다. 구단의 성격에서부터 선수들의 기록, 승률까지를 내리 엮어냈다.

시우가 어느 날부터 힘을 빼기 시작한다. 사춘기에 접어든 것이다. 영락없이 찾아오는 인생길에 열병처럼 앓아야 하는 병, 기존의 생각과 행동에 알 수 없이 끼어드는 어지러운 갈피로 불끈불끈 화를 내고 짜증을 부린다. 중학교 성적이 곤두박질하는 동안 회복의 기미가 보이지 않아 온 가족이 전전긍긍 안절부절이다.

고등학교에 올라가서도 중심을 잡지 못하던 시우가 손

에 핸드폰을 들고 밤을 새우다시피하며 인터넷 게임에 몰두하는 것을 알게 되었다. 또다시 잠재되어 있던 집념의 세계로 빠져 들어가고 있는 게 아닌가? 어디까지 갈 것인가? 이제 몇 개월만 지나면 고3이 될 터인데 스스로 다스리지 않으면 그 누구의 말도 귀담아 들을 줄 모르는 시우가 안타깝다. 그러나 그 기간이 길지는 않을 것이다. 게임의 끝에서 스스로 만족할 수 있는 유용한 새 게임을 개발한다면, 그래서 자신의 앞날을 개척하고 삶의 여유와 재미를 느낄 수 있게 된다면 지금의 걱정은 기우가 되리라.

청소년에서 청년으로 넘어가는 고비에 맞닥뜨린 새 지평의 정체를 향해 시우의 화살이 에로스의 화살처럼 진로를 이탈하지 않고 제 궤도를 날고 있다는 기대를 갖고 있다.

막내 손녀

인천의 구시가지에서 용봉산 정상에 오르면 오른손에 망원경을 들고 바다를 응시하고 서 있는 맥아더 장군의 동상을 만난다. 자유공원이다. 동상 앞 광장에는 자주 사람들이 모이는데 음악이 나올 때 노인들이 하나둘 춤추는 모습을 보게 된다.

무심히 흘러가던 구름 몇 조각이 예쁜 꽃과 나무들로 아름답게 꾸며진 동상 주위를 훔쳐보며 사라지고, 광장 스피커에서 들려오는 경쾌한 음악 소리에 맞춰 홍겹게 춤사위를 놀리는 어르신들의 잔주름 위로 나비 한 쌍이 봄날처럼 팔랑인다. 소리가 점점 커지자 구경하던 사람들도 손뼉을 치며 흥을 돋운다. 어느새 어르신들 사이에 끼어 홍학처럼 가벼이 몸을 흔들며 춤을 추는 아이가 눈에 들어온다. 셋째 아들네 막내 딸 시은이다.

시은이가 네 살 때쯤 일이다. 봄인데 나들이 가자고

조르는 시은이 성화에 셋째 아들네가 집에 왔다. 우리 집에서 자유공원까지는 그리 멀지 않다, 차창 밖으로 보이는 가로수 가지마다 무거운 겨울옷을 벗어던지듯 연녹색으로 싹을 틔우고, 화사하게 새로 핀 꽃들의 향기가 바람에 실려와 콧등에 퍼진다. 시은이도 차창 밖으로 스치는 봄의 꽃 잔치에 눈을 떼지 않은 채 "할머니 꽃 좀 보세요. 참 예쁘지요." 꿈꾸듯 속삭인다. 마치 어느 성의 공주가 되어 꽃으로 가꾸어진 정원에서 꽃놀이하듯 마음에 꽃을 심고 있는 것 같다. 우리가 도착한 자유공원 광장에도 봄기운에 안긴 꽃들이 맑은 향기를 뿜어내고 있다.

세월이 지나는 길목에 시간이 숨을 쉬는 듯, 시은이는 하루가 다르게 변하였다. 내성적이고 소심한 것 같던 시은이가 유치원에 들어간 후로 그 주위에 친구들이 모이고 친구들과 잘 어울려 훈기를 느끼게 한다고 며느리가 좋아한다. 그러면서도 남에게 지기 싫어하고, 갖고 싶은 것이 있으면 어떻게 해서든 자기 것으로 만드는, 욕심 많고 자기애自己愛도 강하다고 걱정한다. 그러나 걱정을 하지 않아도 될 것 같다. 자기를 사랑하는 사람은 다른 사람도 사랑할 줄 알고 남에게 사랑받을 줄도 안다.

어느 5월에 셋째아들네를 찾았다. 현관에서 맞아주는 시은이는 할아버지 할머니가 반가워 미리 나와 있다가 인사를 한다. 그 손에 책이 들려 있다.

"시은이가 책을 읽다가 나왔구나, 동화집이냐?"

"아니요, 「어린이 그리스로마신화」에요."

할아버지가 거실로 들어서며 시은에게 물으셨다.

"그리스로마신화가 재미있더냐?"

"네, 재미있어요." 똑 부러지게 대답한다.

"그럼 읽은 내용을 할아버지한테 얘기할 수 있겠느냐?"

시은이가 조금 긴장하는 것 같았으나 이내 설명한다.

"신들 중에 제일 아름다운 신은 '미의 여신 아프로디테'에요. 그런데 로마신화에서는 '미와 사랑의 여신 비너스'라고도 해요."

여자아이여서 그런지 예쁜 여신으로 시작해서 그리스로마의 신을 망라하여 무려 33명의 신에 대해 이름과 특징을 설명한다. 시은이도 제 오빠 시우와 같이 집중력이 있고, 끈기도 만만찮다. 시은이가 할아버지께 설명하는 것을 들은 며느리가 놀라워한다. 그리스로마신화를 읽고 있는 줄은 알고 있었지만 그렇게 많은 신을 상세하게 말할 수 있다는 건 몰랐다고 한다. 욕심이 많다고 걱정하던 며느리의 말에 수긍이 간다.

욕심은 갖고 싶고 알고 싶은 것에 대한 호기심과 노력일 수 있다. 물론 욕심이 다른 사람의 것을 불의한 방법으로 빼앗는 결과도 만든다. 그러나 자신의 노력을 통해 알고 싶은 것을 알게 되고 갖고 싶은 것을 갖게 된다면, 그것은 다른 사람에게 피해를 주지 않는다. 커가면서 더 많은 사람을 만나고 더 다양한 경험을 하게 되면, 욕심이 다른 사람에게 피해를 주는 것이 아니고 자신을 더 가꿀 수 있는 지혜가 될 것이다.

시은이가 중학교에 들어가면 어떻게 달라질지 알 수 없다. 어린이에서 소녀로 성장하는 이 시기에 무한한 변화의 가능성이 열려 있다. 막내 손녀의 커가는 모습을 흥미롭게 지켜보고 싶다. 막내니까.

백일떡

이사 온 16층 새댁이 백일떡을 가져왔다. 요즘 백일이나 첫돌을 집에서 하는 가정이 많지 않고 아파트로 이사를 와서 처음 받은 백일떡이라 놀랍고 반가웠다. 빈 접시에 지폐 한 장을 올리고 튼실하게 잘 키우라는 덕담을 얹어 주었다.

내가 태어난 1940년대만 해도 생활이 어렵고 의료 환경이 열악하여 산모나 신생아가 황당하게 죽는 예가 적지 않았다. 태어난 아기가 백일을 맞는다는 것은 그만큼 무탈하다는 의미였다. 그래서 세이레가 되면 산모와 아기의 무사함을 기뻐하는 삼칠일상을 차리는 풍습이 이어져왔다. 이때 백설기를 쪄 가족이 나누어 먹으며 아기와 첫 대면을 한다. 세이레가 지나 백일을 맞는 아기에게는 백일상을 차려주었다. 그 중심에 백일떡이 있다.

백일상에는 백세 장수를 기원하는 백설기와 액운을 막

아준다는 수수팥경단이 대세이다. 잘 차린 상에는 만물의 조화를 상징하는 오방색 송편이 놓였고, 단단하게 자라라는 기원이 담긴 인절미도 올렸다. 특히 백일떡은 백여 집에 돌려 나누어 먹어야 백 살까지 장수할 거라는 속설도 있다. 백일떡을 받은 집에서는 빈 접시에 타래실을 올려놓아 장수를 빌어주는 따뜻한 풍습이다. 대부분 어려운 살림이지만 자랑스럽게 백일떡을 이웃에 돌리며 나누는 기쁨을 누렸다. 그리고 아기의 장수 기원도 받고 싶어 했다. 백일을 넘겼다는 사실은 축복 중의 축복이다.

100세 시대를 예고하듯 정정한 칠팔십 세대가 많아졌다. 환갑은 물론이고, 고희 잔치를 하는 집도 가족끼리 조용히 지내거나 가족 여행으로 대신한다. 그래서인가 백일잔치도 많이 줄은 것 같고 옛 풍습을 따라 백여 집에 떡을 돌리는 일도 별로 없다. 한다면 대개 외부 식당이나 전문업체에서 치르고, 외형만 백일상이지 담긴 뜻이 희석되고 오가는 정감을 느끼기도 부족한 듯하다.

아들 삼형제를 둔 우리 집 백일 상차림에는 따뜻한 추억거리가 떠오르지 않는다.

살기에 바쁘고 고달픈 시절이었다. 첫 아이 백일을 넘기고 첫돌을 맞는 날 서툰 솜씨에 돌상을 차리고 처음으로 친정식구들을 초대했다.

팔월의 찜통 같던 무더위에 집은 비좁고 시어머니와 시누이가 도와주셨지만, 내겐 벅찬 일이었다. 부엌일에 서툰 솜씨를 알고 친정어머니는 민망하신 듯 백설기 한 조각을 입에 떼어 넣으신 후 서둘러 가시던 모습이 떠오른다. 그뿐이랴, 얼마나 두서없이 돌잔치에 골몰했으면 더위에 돌복을 벗은 돌잡이의 속옷이 떨어진 것도 모르고 입혔으니. 후에 남편이 안고 있는 아이의 사진을 보고서야 알 수 있었던 아픈 기억이다.

백일상은 고사하고 돌상도 제대로 차려주지 못한 아들들이지만 지금은 제 가정을 책임지고 제 몫을 하는 성인이 되어 늙은 부모를 걱정하고 있다. 이제 백일상을 차려주지 못했던 미안함을 내려놓아도 될 것 같다.

풍습이란 묘한 데가 있다. 요즘은 떡을 떡집에 맡기거나 떡 전문점에 주문해서 언제든지 어느 때나 먹을 수 있는 편한 세상이다. 그래서인지 집에서 백일떡을 해온 위층 새댁의 마음이 따뜻하게 더 귀하게 느껴져 흐뭇한 하루를 보낸다.

인연의 고리

사람과 사람 사이의 인연은 때로 고맙기도 하고 괴롭기도 하다. 그와 같은 고리는 우연일까, 필연일까?

나는 29년간 「한국보이스카우트연맹Boy Scouts of Korea」(현 한국스카우트연맹Korea Scouts Association)에서 근무하였다. 그것이 일면식도 없는 김 선생과의 연緣으로 이루어진 출발점이니 참으로 고마운 일이다.

내가 대학을 졸업하던 당시 우리 사회는 대학 출신 여성의 사회 진출이 쉽지 않았다. 일할 수 있는 직장 찾기란 '낙타가 바늘귀로 들어가기'보다 어려웠다. 다행히 내게 첫 직장이 된 월간 「교육자료사」는 초등학교 교사용 교안 자료를 발행하던 출판사다. 3년간 근무하고 결혼하면서 사직했는데, 여성의 결혼은 동시에 직장을 그만두는 것이 상례처럼 통용되던 시대이다.

첫 아기가 태어나고 백일이 지난 어느 날 「교육자료사」

에 자주 들르던 아동문학가 한 분의 소개로 〈고등학교 교련교본〉의 마무리 작업을 하게 되었다. 그때 일을 맡겨 온 이가 김 선생이다. 그는 내가 생애 목표를 좀더 깊게 생각하게 하는데 영향을 준 한 사람이다.

〈교련교본〉 일이 끝나고 십여 일이 지날 무렵, 김 선생은 그가 다니는 직장에서 함께 일할 의사가 있느냐고 연락해왔다. 아이까지 있는 기혼녀가 일할 수 있는 직장이 쉽지 않던 때라 선뜻 가고 싶었지만 생소한 곳이어서 망설여졌다.

"휴간된 기관지의 속간 호 발간을 준비 중인데 경험자가 필요해서요. 기혼이시라도 됩니다."

나의 의중을 눈치 채고 자신이 스카우트 본부에 있게 된 이야기를 들려준다.

김 선생은 전남 부농의 아들로, 서울의 명문 대학을 나와 중앙고등학교에서 교편을 잡았다. 그는 청소년을 바르게 교육하는 길이 가정교육, 학교교육과 더불어 사회교육이 유기적으로 이루어져야 한다고 믿었다. 가정교육과 학교교육이 지향하는 단계적 교육 달성에 반해, 사회교육은 개인의 능력에 따라 능동적이고 다양한 체험을 경험할 수 있는 특징을 지녔다. 당시 이 학교는 「한국보이스카우트연맹」의 전신인 「조선소년군」을 처음으로 조직한 학교로서 스카우트운동이 활발하게 펼쳐져 청소년 사회교육의 선두에 자리매김해 왔다.

김 선생이 학교에 근무하는 동안 교육에 대한 자신의 생각이 스카우트운동과 일치되는 점을 발견하고 후회 없이 교직을 떠나 그곳으로 옮겼다고 한다.

중앙고등학교는 1922년 일제 치하에서 이 학교 교련교사이던 조철호趙喆鎬 선생이 「조선소년군」을 창설한 학교이다. 그는 1919년 3·1만세운동이 일어나자 조국 독립의 길은 오직 청소년들에게 있음을 깨달았다. 그래서 학생들이 애국심을 키우고 자주 독립의 사상을 고취하여 기상을 펼칠 수 있도록 방법을 찾던 중 영국에서 일고 있는 스카우트운동에 주목하였다. 제1차 세계대전 후 피폐해진 영국의 재건을 위해 베이든 포우엘Baden Powell이 청소년들에게 실시한 스카우트운동을 그대로 「조선소년군」이란 이름으로 조직한 것이다. 뿐만 아니라, 스카우트의 교육방법과 훈련을 훈육하면서 일제의 감시를 피해 암암리에 조선 독립에 필요한 정신교육과 훈련을 추가시켰다. 그 정신과 활동이 지금까지 계승되어 활발하게 이루어지고 있었던 것이다.

스카우트운동에 대한 설명을 듣고 나니 어느 정도 이해가 되고 막연한 기대가 생겼다. 또 출판과 편집에 관한 호기심에 조금은 두려웠으나 같이 일하기로 하였다. 김 선생의 소신 있는 행동에 감동하면서 나도 스카우트에 서서히 젖어들어 29년여를 보낸 것이다.

김 선생과의 인연은 우연이었을까? 〈고등학교 교련교본〉을 마무리하는 일에 지인의 소개로 처음 만났고, 기혼여성임에도 그의 제안을 받아들여 기관지 속간 호 제작에 참여하며 스카우트운동에 작은 매듭을 짓지 않았나 되돌아본다.

스카우트운동에 참여한 지난날이 즐겁고 감사하다. 고인이 되신 김 선생은 지금도 내 삶의 고마운 우연이며 필연의 고리로 남아 있다.

인천소년교도소 이야기

연록의 싱싱하던 잎들이 후줄근하게 늘어져 있는 문학산 기슭 학익동 278번지에 인천구치소와 인천지방검찰청, 인천지방법원이 현대식 건물로 우뚝 서 있다. 정의로운 세상을 만들어가겠다는 의지를 담은 듯 삼각형 형태의 공동 집합체를 이루었다.

이 지역은 1938년 3월에 문을 연 옛 인천소년교도소 자리이다. 원래 소년형무소였던 것이 1961년 교도소로 명칭이 바뀌면서 인천소년교도소가 되었다. 인천의 19세 미만 소년수를 수용했는데 대개 국민학교(지금의 초등학교)를 졸업한 초범의 소년들이다. 1990년 11월에 천안소년교도소가 신설되고부터 인천소년교도소는 소임을 다하고 많은 이야기를 품은 채 역사 속으로 사라지고 지금의 새 모습으로 변하였다.

인천소년교도소의 홍종식 교도관이 서울 여의도동

18-3번지에 본부를 둔 「한국보이스카우트연맹」에 들어섰다. 1973년 새싹회가 어린이날에 수여하는 제17회 소파상을 받고 오는 길이다. 법무부 교도관이 어린이의 아버지라 불리는 소파 방정환 선생을 기려 만든 이 상을 받는다는 것은 그리 흔한 일이 아니다. 홍종식 교도관은 한 번의 실수로 소년수가 된 청소년들이 또다시 재범하지 않고 평범한 시민으로 살아갈 수 있는 교화 방법을 연구하고 실천한 인물로 수상한 것이다.

일제 치하에서 독립한 지 겨우 5년여를 지난 우리나라는 북한공산당에게 기습적 침략을 받은 한국 전쟁에 휩싸였다. 가난과 굶주림으로 비참한 생활을 이어가던 사람들은 가족을 잃거나 헤어져 살았으며 적지 않은 고아들이 거리를 헤매었다. 전쟁은 끝이 보이지 않았다. 그러나 한국전쟁은 우리만의 전쟁을 넘어 세계의 전쟁으로 확장되어갔다. 결국 3년여를 끌다가 정전停戰이란 이름으로 막을 내렸다.

폐허가 되다시피 한 거리, 사회는 혼란 속에서 질서를 잡고 안정을 찾아가기에 시간이 모자랐다. 그 중 사회 환경에 영향을 받은 탓인지 청소년들의 크고 작은 범죄가 자주 일어났다. 홍종식 교도관은 교도소에 들어온 이들에게 행형行刑만으로 교도할 수 없다는 것이 안타까웠다.

그러던 어느날, 말쑥한 제복을 차려입은 비슷한 또래 집단 청소년들의 활동을 눈여겨보게 되었다. 정전 후 먹구름 끼듯 어두운 흔적들이 사회 곳곳에 흠집처럼 널려 있는데 정상 복구를 위해 봉사하며 질서 있게 활동하는 보이스카우트 대원들의 모습은 활기차고 씩씩했다. 마침내 "1953년 7월 28일, 인천소년교도소에서 교도관 홍종식에 의해 재소자 소년들로 조직한 충의대란 명칭의 보이스카우트 발대식을 거행하였다."*

충의대 대원들은 홍종식 교도관의 지도를 받으며 장래에 대한 희망을 키워가고 있다. 그들은 전후 널려 있는 깡통 조각으로 휘장을 만들어 붙이고 수의囚衣를 개조하여 제복을 만들어 입고 시범적으로 스카우트 활동을 시작하였다. 충의대 대원들의 선행이 주위에 퍼지고 행형 실적이 자연스레 상부에 알려졌다. 법무부는 1954년 3월 31일 법형法刑 제377호로 인천소년교도소 내의 스카우트 활동을 공식적으로 승인해주었다. 그 해 7월, 인천소년교도소 충의대는 대한소년단에 정식으로 등록을 마치고

* 박종무 외, 『한국보이스카우트 60년사』(서울 : 한국보이스카우트연맹, 1984), 373쪽.

활동에 들어갔다.

초등학교를 나오고 초범인 인천소년교도소 수형자들은 스스로 잘못한 행동에 대해 반성하며 성실히 수형생활을 하는 소년들이 많았다. 처음 충의대를 조직할 때 홍종식 교도관은 스카우트 지도자 훈련을 받고 모범수들로 대隊를 만들었다. 그 후 충의대는 충의 본대를 포함하여 13개 대로 늘어났고 각기 특징을 살려 활발하게 대활동을 해나갔다.

1대인 충의대 본대는 32인조 악대부와 20여명의 의장대, 기계체조 위주의 체육부를 두었고 나중에 농악부가 추가되었다. 2대 검정고시반은 중·고등입시반, 대입고시반을 두어 검정고시를 볼 수 있었다. 제물포고등학교에서 교사 십여 명과 뜻있는 시내 중·고등학교의 몇몇 선생님, 인하대학 학생들이 이들을 가르치고 지도해주었다. 교도소 소년들의 노력과 사회지도자들의 뜻있는 봉사로 영오의 소년들이 장래 희망의 꿈을 찾아 대부분 합격하였다. 대학 입학이라는 영광도 가져왔다.

특별히 대우중공업에서는 기술자들이 시간을 쪼개어 선반, 용접, 배관 기능사 자격시험에 대비한 기술 지도를 맡았다. 기능사 2급 자격시험에 합격한 대원이 출소하면 사회인으로 살아갈 수 있도록 취업도 알선하였다.

목공반은 인천교육청과 연계하여 초등학교 책상과 걸상을 만들었고, 인천 시내 모든 초등학교에 보급하는 실력을 갖추었다. 그 외에도 라디오와 TV수선, 안테나 조립, 영선, 아마추어 복싱부 들이 있었는데 다른 대에 뒤처지지 않도록 분야별로 열성을 다해 가르치고 배우며 기능인이 되어갔다. 더욱이 소년들 본래의 밝고 긍정적인 모습으로 돌아가는 것을 보는 기쁨이 더 컸다. 차츰 소년교도소에 대한 사회의 여론과 인식에도 변화를 보이기 시작했다.

충의대의 교도소 생활은 교도관의 지도아래 매주 월요일 아침 스카우트 제복을 단정히 입고 스카우트 선서와 규율을 제창하며 정신을 새롭게 가다듬는다. 각 대도 모범수 중 지도력이 있는 연소간부들로 반장과 영조장을 선출하여 자치적으로 대를 운영하였다. 충의대 대원들은 교도 수행에 솔선수범하여 교도소 안의 시설과 장비를 소중히 다루었고, 더하여 보이스카우트의 훈련과 단체생활에 필요한 협동 정신을 터득하며 체력을 단련한다. 또 스카우트의 각종 기능을 익혀 재난에 대비하면서 다른 사람을 도울 수 있는 천사 같은 마음을 키웠다. 농번기에는 모내기 봉사를 하며 도로포장 공사에도 힘을 보태고, 지역사회 행사를 돕는 악대공연과 기계체조를 선보이는 영외 노력 봉사에도 적극적으로 참여하여 성과를 올렸다.

차츰 스카우트 행사에 참가할 수 있는 기회가 늘어났다.

너울이 겹겹으로 밀려와 구름에 닿을 듯 희뿌여니 하다. 칠봉을 품고 있는 무주 구천동의 새벽은 덕유산 정기를 받아 얼음같이 맑은 빛을 띄우고 바위에 부딪히며 시원스레 계곡을 타고 흘러내린다. 물줄기는 덕유산 야영장을 또 한 번 휘돌아 붕새처럼 덕유산에 서려있다.

"〈나라 위한 스카우팅〉과 〈너·나·우리〉라는 주제와 표어 아래 제6회 한국잼버리 겸 제8회 아·태지역 잼버리가 드디어 1982년 8월 4일부터 10일까지 덕유대 종합야영장에서 개최되었다."*

이번 잼버리는 한국보이스카우트연맹이 창립 60주년을 기념하여 실시하는 행사이다. 청소년들에게 나라 위한 스카우팅을 드높이고 국가 사회 발전에 이바지할 수 있도록 몸과 마음을 단련하며 함께 우의를 다지는 한마

* 같은 책, 608쪽.

당이다. 더욱이 우리나라에서 86아시안게임과 88서울올림픽을 유치한 후 전초전처럼 치루는 의미도 포함된 청소년 야영 축제였다. 전국의 스카우트들과 스물여덟 나라에서 참가한 819명을 포함해 일만 삼천여 명의 참가자들이 전북 무주군 덕유대 종합야영장으로 속속 입영하여 천막을 치고 일주일간 생활할 터전을 만든다.

드디어 8월 4일 오후 3시,

"仁川소년교도소 忠義隊 악대의 팡파르가 울려 퍼지면서 장엄한 개영식이 시작되었다."*

전국적으로 악대를 운영하고 있는 초등학교와 중·고등학교, 많은 대학들이 있었으나 충의대 악대부 대원들이 개영을 알리는 팡파르를 울릴 때 참가자들은 놀라움에 열렬히 박수를 보내며 힘찬 함성으로 격려하였다.

교도소 소년수들은 특별 외출이나 사면에 의하지 않고 외부로 나올 수 없다. 그와 같은 충의대 대원들이 역사적인 현장에서 그들의 실력을 유감없이 자랑스럽게 펴내었다. 자발적으로 스카우트 지도자 훈련을 받고 지도해온 교도관들의 열성이 수감 청소년들에게 믿음을 갖게 했을 것이다. 서로 신뢰하는 속에 스카우트 정신으로

* 같은 책 610쪽.

생활하는 동안 자연스럽게 스카우트 선서의 맹세를 실천하였고 규율을 지켜 행동해 온 그들 노력의 산물이리라.

개영식을 마치고 영지로 돌아온 대원들은 석유버너에 불을 붙여 저녁 준비를 하느라 분주하다. 천막을 죄고 잠자리를 만들고 있는 대원들이 잠자리가 편하도록 하나하나 점검한다. 나머지 대원들도 각자 맡은 일을 하나씩 찾아서 해나갔다.

산으로 둘러싸인 영지에 어둠이 깔리기 시작한다. 밤하늘엔 쏟아질듯 별빛이 소년들 얼굴을 하나하나 어루만져주고 소솔한 풀 향기, 곤충의 울음소리가 밤하늘 별끝까지 닿아 흐른다. 이제 잠자리에 들 시간이다. 그런데 충의대 한 대원이 보이지 않는다. 반장과 영조장을 중심으로 자리를 뜬 대원을 찾아 숨죽여가며 한참을 찾아 헤매다 커다란 나무 아래서 울고 있는 대원을 만나 함께 영지로 돌아왔다. 잼버리에 참가하기 며칠 전 할머니가 많이 아프다는 동생의 편지를 받고 오늘 탈출 계획을 세웠다는 것이다. 그러나 참가 대원들과 교도관 대장의 얼굴이 그려지고 배신의 뒤에 올 징계나 불명예보다 다시는 외부 행사에 나올 수 없게 될 동료들을 생각하니 발이 떨어지지 않았다고 고백한다. 어느 누구도 그 사건을 말하지 않았고 교도관 대장도 그를 품어 헤아려주었다. 몇 년이 지난 후 그 때의 사건이 알려졌지만 아무도 그 일을 말하는 이가 없었다. 소년은 무사히 형기를 마치고 교도소에서 배운 기술을 살려 할머니와 동생을 돌보는 평범한 시민의 삶을 살고 있다. 사랑은 온유한 마음으로 잘못을 용서하여 믿음을 갖게 하는 기적 같은 이야기를 전할 뿐이다.

또 그들 중의 한 소년은 술에 취해 아내와 자식들에게 폭력을 일삼던 아버지를 참다못한 아들이 막걸리 잔에 농약을 넣어 죽게 한 중학 1학년생이 있었다. 5년 형을 받은 소년은 집행기간 동안 참회의 눈물을 흘리며 다른 사람을 돕고 봉사하는 스카우트정신을 깊이 새기고 실천하였다. 공부도 열심히 하여 고입 검정고시에 합격하고 출소할 때 대입 고시를 준비하겠다는 약속을 남기고 떠났다. 충의대가 조직되면서 크고 작은 일들이 교도소 안팎에서 일어났으나 서로의 믿음을 가벼이 여기지 않고 소중하게 간직하며 살아온 청소년들의 의지는 교도관들의 믿음이 받혀주었기 때문에 가능했던 것은 아니었을까?

1990년 8월의 태양이 강원도 설악산과 동해를 한 번에 내리쬐었다. 이곳 고성군 토성면 울산바위 아래 지역은 말 그대로 돌밭이었다. 1991년에 열리는 제17회 세계잼버리 개최 장소로 탈바꿈하기까지 군·관·민을 비롯한 스카우트 지도자들의 노력이 집합하여 일궈낸 꿈의 야영장이 되었다.

우리나리에서 처음으로 치루는 세계잼버리를 철저히 준비하고 살펴볼 예비 행사로 1990년 8월에 제8회 한국잼버리가 이 곳에서 열렸다. 선발된 충의대 대원들은 평소와 다름없이 다른 대원에 비해 더 많은 노력과 실력을 쌓아온 대원들이다. 스카우트정신을 몸으로 실천하고 다른 사람을 도울 수 있는 각종 기능을 익혀 어느 곳에서나 필요한 역할을 감당하였다.

그들은 잼버리에 참가한 전국 학교대와 지역대 대원, 걸스카우트와 아·태지역 참가자들과 함께 스카우트 활동 하나로 또래의 청소년들과 나란히 세계를 향해 포효할 수 있다는 자부심을 깊이 인식하였다. "하느님과 나라를 위하여 의무를 다하고, 항상 다른 사람을 도우며, 스카우트의 12규율을 잘 지키자"는 선서와 하루에 한 가지씩 착한 일을 하자는 "1일 1선"의 표방은 스카우트의 핵심 훈육 목표이자 지향점이다.

청소년들의 연령에 맞는 프로그램을 끊임없이 개발하

고 청소년들이 즐겁게 활동할 수 있을 때 우리는 "소년의 힘이 나라의 힘"이라는 긍정적 사고로 바르게 청소년들을 성장시킬 수 있다는 확신을 갖는다.

이번 잼버리에 참가하는 충의대 대원들은 인천소년교도소 충의대가 마지막으로 참가하는 기념비적 잼버리가 되었다. 그해 11월 천안소년교도소가 개소하면서 인천소년교도소 시대는 막을 내렸기 때문이다.

사회가 날로 각박해지고 있다. 빠르게 변화하며 생활에 활력을 주는 디지털 시대에 비례하듯 각종 범죄가 줄어들 줄 모르게 늘어가는 것 같다. 특히 청소년의 학교생활이 불안하고 초조할 만큼 주의를 기울이게 한다. 영오의 교도소 내 충의대 소년들은 누구도 재범再犯의 누累를 범하지 않았다. 한국보이스카우트연맹은 인천소년교도소 충의대 소년수들이 이룬 재범 없는 소년수의 의지와 노력을 크게 칭찬하였다. 이와 같은 소식이 전 세계 스카우트 회원국에 알려지면서 세계 스카우트 운동사에 새로운 성공사례로 기록되어 있다.

오늘의 교육이 가정교육과 학교교육을 충실하게 실천하고 스카우트운동과 같은 사회교육이 활기차게 더불어 협력해간다면 청소년들의 밝고 긍정적인 모습을 어느 곳에서나 볼 수 있을 것이다.

역사 속에 전설로 남아있는 인천소년교도소 충의대 이야기가 역사를 뛰어넘어 교육의 새로운 도약에 일조가 되었으면 하는 바람이 있다.

그동안 인천소년교도소 충의대를 위해 봉사해온 교도관 대장들의 노고에 보답하려고 부담 없이 그 이름을 밝힌다.

인천소년교도소 교도관이면서 겸하여 충의대 대장으로 봉사한 이들은 다음과 같다.*

1953년 1대 대장 故 홍종식 교도관
2대 대장 서정효 교도관
3대 대장 박철규 교도관
4대 대장 지광남 교도관
5대 대장 김덕현 교도관**

* 교도소 내의 충의대 활동은 김덕현 교도관의 대담을 참고하였다.

** 5대 대장 김덕현 교도관은 1988년부터 인천소년교도소가 폐쇄되는 1990년까지 충의대 대장으로 봉사하였으며, 8월에 열렸던 제8회 한국잼버리에 마지막으로 참가하여 대원들에게 보람을 안겨주었다. 김덕현 교도관은 2017년 6월에 정년퇴직하였다.

보이스카우트의 첫 울림

인천 창영초등학교는 1907년 남촌 주민들의 성금으로 세운 공립보통학교이다. 인천 지역 3·1독립운동의 봉화가 올랐던 곳이며 일반 주민을 위한 문화 보급에 힘써왔다. 특히 창영은 우리나라 초등학교 안에 유년대cub scout가 처음으로 시작한 학교여서 그 뜻이 더욱 깊다.

"1955년 5월에 인천 창영국민학교(현재의 초등학교)에서 유년대가 조직되어 최초로 중앙본부의 승인을 얻어 발대식發隊式을 가졌다."*고 기록되어 있다.

진달래 곁가지 틈새로 철쭉이 비쭉 고개를 내민다. 그 빛깔이 짙은 봄색이다. 수인선水仁線 화통火筒만큼 요란하던 날 「굿모닝 인천」 3월호 표지에 창영초등학교 사진이 실린 것을 보았다. 나는 보이스카우트연맹에 30여 년

* 박종무 외, 『한국보이스카우트 60년사』(서울: 한국보이스카우트연맹, 1984), 261쪽 참조.

간 근무한 터라 창영과 인연이 닿고 표지를 보면서 감회가 어렸다. 중앙본부 출판, 연구 분야에서 일하는 동안 역사 안의 창영을 알고 있었다. 퇴임 후 20여년이 지나고 인천으로 온지 십여 년 가까이 된다. 사진을 보면서 반가운 마음에 찾아가 활동하는 모습이 보고 싶었다. 학교는 동구의 구시가지 창영동 주택가에 있어 쉽게 찾았다. 교문을 들어서니 바로 운동장이다.

단정하게 제복을 입은 학생들이 조금 상기된 표정으로 정렬해 있다. 신입대원 선서식 날이다. 수십 번 선서식에 참석했으나 그 때마다 가슴이 울컥한다. 주황색 물감을 풀어놓은 서쪽 하늘에 어둠이 잦아들 때 선서식이 시작된다. 각자 손에 든 초에 불을 붙이고 가만히 촛불을 응시한다. 참석한 부모들이 노랑색 항건을 목에 걸어주고 모자를 씌워준다. 모두가 기대에 찬 눈빛이다. 지금 대원들은 미지의 세계에 발을 내디딘 것이다.

잠시 스쳐간 영상이 꿈결같이 엉겨온다.

1910년 한일합방이 되면서 민족의 울분은 항일 독립운동으로 확대된다. 특히 학생들에게 민족정신교육을 해야겠다는 선각자 조철호(중앙고보 교사)와 정성채(YMCA 소년부간사)가 조선소년군과 소년척후단을 각각 조직한다.

1922년 10월 우리나라 스카우트운동의 시작이다.

다음해인 "1923년 7월 조선소년군 인천지부 발대식"* 을 가졌는데 인천이 지방조직으로 첫 번째 이름을 올린다. 광복이 되자 지하에서 움직이던 항일 단체들과 함께 청소년운동에도 서서히 불이 당겨지고 국민학교 내에 소년대가 발대한다. 1947년 인천 창영을 비롯하여 송림, 서림, 문학, 영화, 논현 소년대 등 인천 시내 6개 학교가 등록을 마쳤다. 유년대가 없던 시절 소년대 이름으로 국민학교에 조직된 것이다.

한국전쟁이 휴전되던 "1953년 7월 인천소년교도소에서 재소자 소년들로 조직한 충의대忠義隊란 명칭의 보이스카우트 발대식을 거행"**한다. 우리나라 스카우트운동이 시작된 이후 수형受刑 소년들에게 스카우트 교육과 훈련 방법으로 교화를 시도한 모험이다. 충의대는 홍종식 교도관의 헌신적인 지도와 훈련으로 다음해 정부의 공식 승인을 받고 대한소년단에 등록한다. 주로 교도소 내의 봉사와 스카우트 대민 활동과 행사에 참여할 수 있었다. 그 결과 충의대 소년들은 출소 후 재범자再犯者가 없

* 같은 책, 79쪽.
** 같은 책, 373쪽.

어 세계스카우트운동사에 모범사례로 기록되고 있다.

스카우트운동은 영국이 오랜 식민지 전쟁으로 피폐해진 국민정신을 다시 일으켜 세우려는 희망을 갖고 베이든 포우엘Lord Robert Stephenson Smyth Baden Powell이 창안한 청소년운동이다. 그는 소년들이 집단 야영생활을 통해 몸소 극기함으로써 협동, 배려, 준비를 익히고 심신을 단련시켰다.

스카우트운동이 시작된 지 100여년이 지났다. 한국스카우트도 94년의 세월이 흘렀다. 오늘날 시대는 학교와 사회와 가정 환경에 많은 변화를 가져왔다. 인구는 줄어들고 한두 명의 자녀를 둔 가정이 그 수를 더하는 요즘 사회적 격차는 있지만 예전에 비해 여유로운 생활을 한다. 사회가 다양해지면서 청소년 문제도 이와 함께 자주 거론되고 있다. 특히 오늘의 한국 청소년들은 부모에게 지나친 의타심을 갖는 것처럼 보여 안타깝다. 이러한 현상은 청소년들이 스스로 독립된 인격을 형성하기에 어려운 여지를 준다. 자기라는 독립 정신을 갖지 않으면 공동체의 일원으로 협동하며 배려하고 모험해보고 창의성을 발휘하기 힘들 것이다.

산과 들에서, 밤과 낮에 또래 친구들과 야영을 하면서

나무와 바람과 숲과 이야기하고, 수없이 반짝이는 별을 바라보며 우주를 꿈꾼다. 그리하여 심신을 단련하는 건강한 청소년, 스카우트운동의 활성화가 바람직한 미래를 보장할 수 있는 대안은 아닐까? 그 옛날 선배들은 송도 갯벌에서 조개를 잡아 식사 준비를 하고 문학산 험한 길에서 나침반으로 목적지를 찾아갔다고 회상한다. 인천소년교도소 충의대 소년들이 스카우트 훈련을 통해 재범 없이 사회에 복귀할 수 있었던 것도 인천의 많은 스카우트 지도자들이 정성으로 노력한 결과일 것이다.

최초의 초등학교 유년대, 최초의 지방 조직, 성공한 소년교도소 충의대의 성과. 우리는 인천의 지난 역사 속에서 건져야 할 소중한 사실을 잊고 있는 것은 아닌지 되돌아보아야 할 것 같다. 오늘의 역사는 과거의 토대 위에 노력하는 이들의 수고와 열정으로 미래를 예견함으로써 새로운 역사가 이루어질 것이라는 믿음을 가져본다.

실수 비틀기

먹구름이 용틀임한다. 한낮의 거리에 장대 같은 소나기가 쫙쫙 퍼붓는다. 잠시 피할 겨를도 주지 않고 내리치는 빗줄기. 그리고 다음 순간 아무 일 없었다는 듯 해님이 해맑게 눈웃음 짓는다.

퍼붓던 소나기 뒤로 말갛게 빛나는 해님을 보며 하늘이 조화를 부리고 있구나, 실수하고 있구나 여기는 이는 없다. 그런데도 하늘이 미친 것처럼 변덕을 부려 실수하고 있다고 허황되게 억지를 부린다.

부주의로 잘못을 저지르면 대개 실수했다는 말을 하게 되는데 억지로 당하는 경우는 드물다. 일을 할 때 철저히 준비하고 그대로 진행하면 잘못되거나 실수하는 일은 일어나지 않는다. 그렇게 여겨왔다. 그런데 오늘따라 일상의 현상을 보고 엉뚱하게 하늘의 실수를 상상하게 되었으니 날씨 탓인 것만 같다.

L마트에서 생필품을 구입하였다. 그런데 물건값이 많게 계산되어

"계산이 잘못되었네요."

하고 계산원에게 바로 고쳐달라고 하였다. 그런데 그곳에선 정정할 수 없고 고객센터에서 하라고 일러준다. 잘못 계산된 금액을 정정해준 여직원이 사과의 뜻이라며 상품권을 내민다. 그 걸 받는 순간 계산원의 급여에서 공제되는 것이 아닌가 걱정되었다. 여직원은 회사 측의 배려라고 하는데 마음이 불편했다.

'계산원에게 불이익이 가는 건 아닌가? 착오를 일으킬 만한 사정이 있었던 건 아니었을까?' 큰일이 아니기를 바라는 마음이다. 그러면서 또 한편으로 '회사가 고객에 대한 책임의 표현이겠지, 종사원들의 재발 방지를 위한 합리적 방법일 수도 있겠다'고 속편히 받아들였다. 영수증 확인 버릇은 직장에서 터득한 것이었는데 이제는 좋은 습관으로 굳어져 있다.

내가 한 실수로 힘들었던 때가 있었다.

1998년 7월, 문화관광부가 〈7월의 문화 인물〉로 한국보이스카우트 창시자를 선정하였다. 몇 가지 기념행사가 추진되고, 창시자 조철호 선생에 관한 조명照明이 포함된

세미나가 있었다.

그날 세미나의 주제 발표를 하던 K 교수의 낯빛이 잠시 변하며 나에게 눈길을 보낸다. '무엇인가?' 무의식적으로 자료에 눈이 갔다. '이런!' 내용이 이어지지 않는다. 머리가 핑 도는 순간 수습을 해야 했다. 자료를 만들 때 문서용 컴퓨터에서 출판용 매킨토시로 바꾸어 편집하는 과정에서 오류가 생긴 것이다. 직원에게 OK 교정이 끝난 원고를 매킨토시로 편집하라 해놓고 완성된 자료를 다시 확인하지 않은 게 실수였다. 빠진 부분을 찾아 복사해 돌리며 위기를 넘기기까지 제정신이 아니었다. 세미나 결과 보고서를 낼 때 두 번 실수하지 않겠다는 사과를 거듭하고 행사를 마쳤다. 그렇지만 K 교수의 기분이 풀린 것은 아니었다.

퇴직 전 마지막으로 우리 부서에서 주관하였고 실무책임자로서 특별히 주의를 기울였는데 '젯밥에 코 빠진 격'이 되었으니 여간한 실수가 아니다. 그 날 담당직원도 하얗게 질린 채 행사가 끝날 때까지 멍해 있었다. 계산원의 입장도 그랬지 않았을까?

크게 한 실수는 오랫동안 기억에 남는다. 실무에서 떠난 지금도 가끔씩 생활 속에서 작용한다. 실수하지 않으려고 역지사지易地思之 서로의 입장을 헤아리는데 노력하고 있다.

하찮은 부주의로 실수하게 되는 때는 크게 심호흡을 하고 기분을 가라앉힌다. 그런 다음 다시 시도해보면 원만히 해결되었다. 참지 못하고 언짢은 말이나 표정으로 감정을 드러내면 최악의 상황까지 치닫게 된다는 것을 알게 되었다. 실수하더라도 양보하고 배려하며 진정으로 수습하는 동안 작은 잘못은 실수가 되지 않았다. 철저한 준비 부족으로 실수한다고 믿었던 것은 편견이었다. 실수는 크든 작은 것이든 일상에서 얼마든지 일어날 수 있는 일이다.

여름 한더위가 물러서며 크게 부딪치는 일 없이 가을을 맞는다. 푸른 잎들이 겨울 채비를 하느라 조용한 몸짓으로 색색옷을 갈아입기 시작할 무렵 나도 편안한 마음으로 긴 겨울을 위해 가을걷이를 하고 있다. 적당히 긴장하고, 가끔은 실수를 하더라도 생각의 여유를 갖는다. 남의 실수를 지적하고 순하게 넘기면서 넉넉한 마음이 되기도 한다. 얼마간의 실수와 긴장이 오히려 삶에 활력을 주고 재미를 느끼게 한다. 행동이 너무 느려지면 생각도 느슨해지기에 경계도 한다.

후반기 삶을 다지며 뒤늦게 수필을 만난 후로 즐겁고 활기차다. 글이 잘 써지지 않거나 망상 속에서 억지부리고 헤매는 괴로움도 행복한 나의 몫이다. 잘 쓰고싶어 고민하고, 잘못하거나 실수하지 않으려 노력하며 긴장하는 내가 좋다.

며칠 전 원고 마감일을 이틀이나 넘겼다. 잊은 게 아니라 게을렀던 것이다. 탓하기도 하면서 일에는 크게 작게 여유가 있는 법이라고 핑계를 대기도 했다. 그래도 다음번 게으른 실수를 하지 않겠다고, 마감 2~3일 전 미리 보내는 여유를 가질 것이다. 아무래도 실수하는 것보다 하지 않도록 애쓰고 개선하는 노력이 필요한 것 같다. 그래야 실수가 발전의 뜀틀이 될 수 있지 않을까?

오늘도 긴장이 있는 하루를 기대한다. 언제 댓줄기 같은 소나기를 몰고 올지 모를 뭉실한 흰 구름 사이로 한소끔 바람이 스쳐가 산뜻하다. 소나기 지나간 하늘이 더욱 깨끗하고 파랗다.

「History-1419」와 시화전

한여름의 더위가 잦아들고 가을이 모습을 드러내면 주위에 미술전시회와 각종 음악회가 열리고, 문학 활동도 활발히 이루어진다.

시 낭송회의 상큼한 여운을 찾아서, 또 떠날 수 있다는 설렘에 상기되던 문학 기행은 추억을 여물게 한다. 시에 얽힌 이야기를 그림과 함께 상상해보는 시화전詩畵展에선 또 다른 경험, 품격 있는 시를 만나는 기쁨이 있다.

시문회詩文會에서 시월에 자필 시화전을 열기로 하였다. 수필을 쓰는 입장에서는 시화전에 맞는 글을 찾아야 하고 글을 상징해 줄 그림도 살펴야 한다. 더욱이 그 위에 자필로 글씨를 써야 하니 글과 그림과 어울리는 글씨체로 연습하는 일도 만만치 않을 것 같다.

올해 두 번의 수술을 받았다. 시화전 준비를 할 마음이, 용기가 나지 않는다. 삼월에 백내장 수술을 하였고,

사월에 받은 종합 검진 결과 심장박동기를 몸에 삽입해야 한다는 것이다. 갑자기 내게 밀어닥친 너울 같은 이 상황이 갑갑하고 스산했다. 바다가 보고 싶었다. 무작정 바다로 떠났다.

참담하고 우울했던 기분은 파도를 쓰다듬듯 조용히 물결쳐오는 바다를 바라보면서 조금씩 차분해진다. 해질 무렵 수평선 저 멀리 붉은 기운이 스러져 가는데 맨몸으로 서서히 떨어지는 불덩이를 보는 순간 뭉클하게 밀려드는 정갈한 순환의 경건함이 온몸을 전율시킨다. '키다리 아저씨'를 만난 것 같은 놀라움과 반가움, 바다는 속울음을 삭힌 채 무심한 듯 흐르며 순종의 미덕을 보이고 있다. 마치 인정하고 받아드리라 타이르는 것 같다. 내가 너울이라 여기며 울적해 했던 것들이 그저 일상의 파도에 지나지 않다는 것을 일러주듯 철석철석 바다가 간간이 소리를 낸다.

한없이 펼쳐진 푸른 바다의 숨결을 어머니처럼 품으며 한껏 위로받고 돌아와 편안한 마음으로 수술을 받았다. 그리고 그 때의 느낌을 수필「주문진 바다」로 써 두었다.

8월에, 권의철權義鐵 화백이 개인 전시회의 팜플릿을 보내왔다. 팜플릿 표지를 보는 순간, 주문진 바다의 황금빛

노을을 밀어내며 떨어지던 불덩이의 영상이 떠오른다. 마치 작품 「History-1419」가 「주문진 바다」와 맞닿아 있는 것 같은 착각, 놀라운 감정이 교차했다.

권 화백은 30여년 넘게 "History" 시리즈를 연작으로 발표해온 동양화 비구상 원로 화가이다. 작품이 발표될 때마다 "History"에 천착해 온 권화백의 의중과 작품이 보여주는 그 의미를 가늠해보지만 매번 조금씩 변화된 모습을 읽어내기엔 역부족이었는데 색다른 느낌이 왔다.

용기를 내어 시화전의 바탕그림으로 쓸 수 있도록 어려운 부탁을 하였다. 지난 날 함께 근무했던 연륜을 빌미삼아 무례한 주문을 건네었는데 쾌히 승낙하여 자필 시화전에 참여할 수 있었다.

「History-1419」는 내가 만난 '주문진 바다'를 연상케 하였다. 봄바다의 쓸쓸한 공기를 어루만지듯 파도의 조잘거림이 함께 어우러져 흐르고, 살구빛 노을 속에 떨어지던 정갈한 해님도 보인다. 마치 지난 날의 이야기들, 고통과 영욕의 역사를 지녔으면서도 찬란한 문화를 이끌어 온 우리의 이야기들이 들려온다. 위로가 필요했던 나의 수필 속 「주문진 바다」와 절묘하게 교감을 이루고 있다.

예술이라는 무대 위에서 수필과 회화繪畵가 만나면서

긴 호흡을 압축하는 힘을 본다. 상호 보완의 작동이 발휘되는 순간처럼.

글이 좋은 그림을 만나면 더욱 돋보이는 것 같다. 글의 지향점과 회화가 추구하는 이상은 결국 작가의 삶을 나타내는 조각들의 짜임이 아닐까. 시화전은 내게 위로와 순종의 또 다른 경험을 안겨주었다.

더 가까이

8회까지 3점 뒤지고 있던 우리 팀이 이대호 선수의 2점으로 기선을 잡으며 4대 3의 역전승을 이루었다. 2015년 11월 18일, 일본 도쿄돔구장에서 열린 "2015 WBSC* 프리미어 12"(세계 야구 랭킹 상위 12개국 국가 대항전) 4강 준결승전 한국과 일본의 경기에서 펼쳐진 드라마였다. 그날 TV 화면에 보이는 현장 모습과 환호하는 한국 시청자들의 우레 소리는 지구를 엎어뜨릴 것 같은 열기였다.

특별히 한일전 운동 경기가 열릴 때마다 종목에 관계없이 유난히 치열하다. 선수나 관중들이 혼신을 다하는 열정의 현장이다. 보이지 않는 마음 속 응어리, 분노의 분출 같은 느낌이 낙엽처럼 휘젓는다.

지리적으로 가깝게 있으면서도 멀기만 한 일본이다.

* World Baseball Softball Confederation(세계야구소프트볼총연맹)

그들과의 불편한 관계는 지난 역사를 극복할 수 있는 길을 찾아 즐거운 관전으로 회복해야 한다는 의미를 되새기게 한다. 그리고 이 일은 양국 기성세대의 몫이다.

제23회 세계스카우트 잼버리가 지난 7월 28일부터 8월 8일까지 일본 야마구치현 키라라하마에서 "화합의 정신A Spirit of Unity"을 주제로 열렸다. 147개국, 3만3천여 명의 청소년과 지도자들이 모이고 우리나라도 대표단이 참가하였다. 한여름의 폭염에 아랑곳없이 세계 청소년들은 한데 어울려 화합의 정신을 승화시킨 대회로 마무리되었다는 기사를 읽었다.

우리나라는 이미 1991년 8월 8일부터 16일까지 "세계는 하나Many Lands, One World"라는 주제로 제17회 세계잼버리를 개최하였다. 설악산의 앞마당, 동해가 내려다보이는 강원도 고성군 신평리에서 한국을 포함한 133개국 1만9천여 명이 참가하였다. 8박 9일간 치러진 잼버리에서 지구촌 청소년들은 서로가 하나 되는 우정을 나눈다. 스카우트 실천 방법을 익히고 활동하는 청소년들은 스카우트 정신으로 다른 사람을 돕고 배려하는 훈련을 통해 더 나은 세계를 지향한다.

소년들은 잼버리장을 중심으로 활동을 하면서 다치기

도 한다. 작은 상처는 스스로 치료하지만, 상처가 심하면 잼버리장에 마련한 병원 치료를 받는다. 야구를 보면서 잼버리장에서 겪었던 일이 떠올랐다.

일본 참가 대원이 과정활동 중 넘어져 잼버리장 병원에 왔다. 크게 다친 것이 아니어서 현장 의료진의 치료가 가능한 상태인데 함께 온 일본지도자가 속초시내에 지정된 후송병원으로 후송해달라고 한다. 그 당시 잼버리장 의료 책임자는 한양대학병원 의료원장이던 박종무 박사였다. 그분은 미국 하버드 의대 출신으로, 광복 후 스카우트 지도자로 봉사해왔으며 이번에도 병원에 휴가를 내고 참가하였다. 또 의료진들도 스카우트 출신 현역 의사와 군의관으로 구성돼 있다. 박종무 박사의 설득으로 일본 대원은 잼버리장 병원에서 치료를 받고 건강하게 귀국하였다.

같은 스카우트 지도자라도 그 마음 한편에 한국에 대한 무시와 불신이 있었던 것은 아니었나 미루어 짐작할 수 있다. 내가 속한 부서의 현장에서 일어난 일이라 앙금처럼 남았던 기억이 한일 준결승전을 보면서 같은 감정을 갖게 되어 씁쓸하다.

세계가 빠르게 변화 발전하면서 그 터울도 좁혀간다.

그러나 사람과 사람의 관계, 나라와 나라의 관계는 변함없이 과거와 닮아 있다. 자국의 국익만을 추구할 뿐 세계 평화를 지향하는 사람의 감정을 순화시키는 데는 부족한 것 같다. 지리적으로 가장 가까이 있는 일본과의 관계에서 우리 세대들이 갖고 있는 응어리를 그들의 바른 역사 인식 위에서 용서와 화해로 좁혀갈 수 있도록 해야 한다. 그래서 미래를 짊어질 청소년들이 일본과 이웃하며 평화롭고 건강한 관계를 유지할 수 있을 때 두 나라 사이의 거리는 더 가까워질 수 있을 것이다. 한일 야구 준결승전을 보면서 느끼는 쓰린 감정이 여전하여 안타깝다.

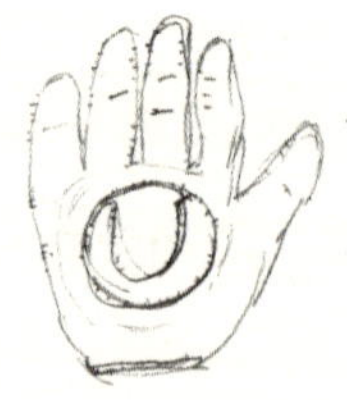

흐르는 시간,
정지된 시각

- 만년설이여
- 밥상을 차리며
- 그들과 함께
- 어머니의 삼층장
- 그네
- 박태기 꽃
- 감자를 먹으며
- 꽃마중
- 장수슈퍼 그녀
- 물거품처럼 던져버리고
- 사랑의 씨앗
- 어느 노부부의 편지

만년설이여

스위스에서 융프라우Jungfrau를 등정할 수 있다는 것만으로도 가슴 설레는 일이었다. 해발 4,158미터나 되는 융프라우를 나와 같은 일반인이 오를 수 있을까? 언제나 만년설로 덮여 있는 산, 은장도 같이 차가운 알레치 빙하를 거느리고 고고하게 우뚝 서서 유럽을 감싸고 있는 그 영산을 내가 오르리라 상상이나 했던가! 그러나 산악열차는 나를 그곳으로 오르게 해 주었다. 2011년 6월 29일, 융프라우 등정은 영국과 프랑스를 거쳐 스위스와 이탈리아, 로마의 서유럽 여행 일정 속에 예정되어 있었다.

여행 나흘째 되는 날, 프랑스 리용에서 스위스의 벵엔에 도착했을 때는 저녁 무렵이었다. 멀리 융프라우 만년설의 장엄한 자태가 저녁놀을 받으며 선명한 모습을 보이더니 이내 서서히 사라졌다. 순식간에 바라본 융프라우의 만년설!

아! 이 엄청난 행운을 이렇듯 쉽게 만날 수 있다니! 가슴이 벅차오르고 절로 탄성이 터졌다. 융프라우의 기후는 말 그대로 변화무쌍하여 산에 오를 수 있느냐, 바라보기만 하느냐에 따라 느끼는 감동이 전혀 다르다고 했다. 날씨가 흐려 안개가 자욱이 산을 덮으면 며칠을 기다려도 그림자조차 보지 못하고 돌아오는 경우가 허다하다는 것이다.

우리 일행은 융프라우에 오르기 위하여 해발 1,274미터의 벵엔에서 하룻밤을 지내고 다음 날 아침 일찍 출발하기로 하였다.

벵엔의 아침은 상쾌했다. 코끝에서 맴도는 향기는 맑은 공기를 머금은 산 냄새였다. 창문을 활짝 열었다. 내려다보이는 산줄기가 선명한 초록색 우산처럼 산듯하다. 산 아래 마을은 살레풍의 붉고 푸른 지붕들이 소녀처럼 수줍게 머리를 맞대고 엷은 안개 속에서 풍경으로 살아난다. 준비를 단단히 하고 길을 나설 즈음, 만년설이 햇살을 받은 모래톱처럼 반짝인다. 청명한 하늘에 구름 한 점 없으니 축복받은 날이다.

융프라우는 알레치Aletsch빙하와 함께 2001년 유네스코가 지정한 세계자연유산의 돌풍을 품은 산봉우리이다. 이곳 날씨가 워낙 변덕스럽고 다양하여 자연유산으로 지정받는데 한 몫을 했다고 한다. '처녀'라는 뜻을 가진 융프라우는 '유럽의 지붕'이라 불릴 만큼 또한 정갈하다. 묀히Monch(4,099m)와 융프라우봉을 잇는 융프라우요흐Jungfraujoch(3,454m)에 오르면 알레치 빙하를 비롯한 북벽 아이거Eiger(3,970m)까지 알프스의 보석 같은 세 봉우리를 한눈에 바라볼 수 있어 한껏 기대에 부풀었다.

벵엔역에서 톱니바퀴 산악열차를 탔다. 양쪽 레일의 가운데를 톱니로 만들어 열차가 뒤(아래쪽)로 밀리지 않도록 물려 올라갈 수 있게 설계된 전기열차인데 국철이다.

열차가 가파르게 이어진 산 구비를 서서히 돌며 천천히 위로 올라간다. 차창 밖으로 가끔씩 만나는 호수와 소나무 숲, 야생의 들꽃들이 넓은 초원 위에 평화롭게 누워있다. 배낭을 메고 정상까지 트레킹을 하는 젊은이들도 보인다. 젊다는 것은 얼마나 자랑스러운 자산인가. 그들 속에서 젊은 날의 내 모습이 그려졌다. 이동야영의 즐거운 경험들이 스쳤다.

어디쯤 올랐을까? 2,061미터의 클라이네 샤이텍역은 국철의 종착지이며, 사설열차의 출발역이다. 사설열차는 아돌프 구에르첼러가 1896년에 아이거와 묀히의 산허리를 질러 터널을 내는 공사를 시작으로 1912년 그의 아들 대에서 융프라우요흐역까지 7.2킬로미터를 뚫고 열차를 개통시킨 산악전기열차이다. 이대에 걸친 사업가의 안목과 도전 의식이 세계인들을 이곳까지 불러들이게 만들었으니 가히 관광의 나라답다.

열차가 융프라우요흐역에 닿았다. 여기서 고속 엘리베이터를 타고 위로 오르면 빙하를 뚫어 여러 모양의 조각품을 볼 수 있는 얼음동굴을 지난다. 인간의 능력이 어디까지 가능한 것인가를 시험하듯 자못 경이로운 얼음동굴을 지나자 정상이 가까워짐을 알 수 있었다. 조금씩 호흡이 가빠지고 어지러웠다. 남편도 숨을 고르는 듯 잠시 잠간씩 눈을 감았다떴다 기분 조절을 한다. 산소가 부족해지는 고산 증후에 조금씩 생수로 목을 축여 산소를 공급하며 계속 걸어 올라갔다. 일행 중 젊은 부부들도 숨이 가쁘고 어지럽다며 오르기를 포기하는 팀이 생겼다. 우리 부부는 정신을 가다듬고 깊게 심호흡을 반복하면서 잡은 손을 의지하여 천천히 느리게 걸었다.

드디어 도착한 융프라우요흐. 이제 만년설 위에 두 발을 딛고 의연히 섰다. 멀리 독일과 프랑스의 경계가 보인다고 누군가 환호하며 소리친다. 알프스를 함께 갖고 있으면서도 스위스의 알프스, 스위스의 융프라우로 만든 그 힘이 또 한번 느껴졌다.

만년설은 유리알처럼 맑고 미끄러웠다. 한 차례 바람이 소나기 퍼부어대듯 불어와 양 볼이 아릿하다. 전망대의 경계를 이루는 등성이 가장자리에는 로프를 둘러 안전하게 잡을 수 있도록 해 놓았다. 그렇지만 나도 남편도 한 번씩 미끄러지며 엉덩방아를 찧었다.

정상에 올랐다는 기쁨과 흥분을 가라앉히고 잠시 사방을 둘러본다. 융프라우와 아이거, 묀히의 세 거봉이 장군처럼 눈앞에 버티고 서 있다. 알레치 빙하가 얼음조각처럼 시리다. 그런데 비경이었을 만년설이 눈물을 흘리며 울고 있지 않은가? 사람들의 발에 밟혀 조금씩 조금씩 무너져 녹아내리며 서글피 울고 있다. 수십 개, 아니 수백 개의 물줄기가 성난 뱀처럼 머리를 쳐들고 마을을 향해 달려가는 모습이 내게로 달려오는 것 같아 오싹했다. 순간 '유럽의 지붕'을 정복했다고 감격하며 흥분하는 이곳 풍경 속 내 모습이 떠올랐다. 그리고 만년설이 나에게 어떤 의미였을까에 생각이 미쳤다. 모험이었나? 도전 정신, 아니면 자부심, 행복, 기쁨의 환희라 말할 수 있을까?

발아래 만년설은 조용하고 잠잠하다. 끊임없이 흐르는

빙하의 눈물, 때로는 질풍노도처럼 포효하며 변화를 거듭하는 정상의 몸부림. 이들이 스위스의 어두운 기운을 가져다준다는 현실을 떠올리자 갑자기 온몸이 죄어왔다. 빙하의 물줄기는 천여 개가 넘는 강과 호수를 만들어 놓고, 안개 자욱한 골짜기를 지나는 동안 습한 공기로 바꿔어 놓았다. 하늘은 회색빛으로 변하고 백야를 이루어 사람들을 무기력하고 우울하게 만들고 있다. 그 뿐이랴, 우리나라와 같은 온대지대이면서도 일년의 반은 농사를 지을 수 없는 척박한 땅이 되었으니, 사람의 손을 탄 만년설의 붕괴로부터 오는 재앙의 흔적임을 알 수 있었다.

의연하게 침묵하고 있는 만년설은 오르는 것이 아니었다. 영산인 그대로를 바라보는 것으로 만족해야 했다. 경외의 눈길만 보냈어야 했다. 그러나 나는 오르기에 열광했고 정복하는 사람들의 욕망 속에 함께였다. 영봉의 베일을 벗겨 알몸을 바라보는 인간의 탐욕을 스스로 실행하고 있었다.

하산길은 차분한 마음이 되었다. 내가 간직해왔던 천진 발랄한 「알프스의 소녀 하이디」가 살던 곳, 천연의 자원을 아름답게 가꾼 낙농의 나라, 골짜기마다 요들송이 들려올 것 같은 정다운 스위스를 생각하며 만년설의 아름다운 자태를 그려본다. 그리고 만년설 위에 서서 감격하는 또 다른 나의 모습을 돌아본다. "왜 산에 가느냐"고 묻는 이에게 "산이 거기에 있기 때문"이라고 조지 맬러리George Herbert Leigh Mallory(1886~1924)가 답했다던가. 그래서 그는 그 산에 잠들지 않았던가?

열차 밖으로 건초더미가 어우러진 들판이 눈에 들어온다. 샬레풍의 세모난 지붕들이 모여 있는 동네 어귀로 뭉게구름이 이웃하듯 흘러간다. 산등성이에서 풀을 뜯던 양 떼들이 무심히 나를 쳐다본다. 한 폭의 풍경이 평화롭게 다가오며 낮은 소리로 속삭이는 소리가 정다웠다. 자연 그대로 느끼고 바라보는 여유를 가지라고, 탐하지 말고 허세 부리지 않는 겸손함이 행복이라는 것을 하얗게 반짝이는 융프라우의 만년설이 내게 들려주고 있다.

밥상을 차리며

아내가 아침상을 차린다. 상 위에 숟가락을 올리고 그 옆에 젓가락을 놓는다. 맞은편에도 수저 한 벌을 놓아 수저 두 벌이 마주 보고 있다. 지난 가을 김장김치는 보시기에 담아 가운데 놓았고, 어제 담근 나박김치가 복숭아 살처럼 발그레한 표정을 지으며 옆자리를 차지했다. 들기름에 재워 구운 김이 그 앞에서 머리를 쳐드는데 웅담같이 쌉싸래한 취나물도 참기름 몇 방울로 아카시향을 뿜어낸다. 널뛰듯 보글대는 된장찌개 뚝배기 속에서 두부가 노르스름하게 젖어들면 찬饌들이 신호하듯 바라보며 눈짓을 한다. 차수수와 기장 섞인 아침밥은 당뇨를 잡아준다고 하지만, 사발에 칠 홉쯤 미진하게 담아 수저와 나란하게 놓는다.

아내는 다 차린 밥상을 내려다보며 박꽃 같은 미소를 짓는다. 그리고 잠시잠간 제 둥지를 틀고 떠난 아들들의 모습이 거기 있는 것 같아 또 한 번 둘러본다.

결혼 후 가족들이 한 상에서 식사하는 일은 쉽지 않았다. 아기가 태어나고 자라면서 저녁은 온 식구가 함께 먹을 수 있도록 아내는 시간을 맞추려 애를 쓴다. 하루 중 한 끼라도 얼굴을 맞대고 밥을 먹는 동안 그날 있었던 아이들의 이야기며 커가는 모습을 보았고, 천방지축으로 말썽 부리던 개구쟁이들의 모습이 그녀를 행복하게 만들었다. 가끔은 편식을 한다고 밥상머리 가르침을 잊지 않는 부모의 정성을 아는지 듬뿍듬뿍 숟가락을 올린다.

아내는 팔남매의 친정 밥상을 생각한다. 부모님과 다 함께 한 상에서 식사한 기억이 별로 없었던 것 같다. 아버지와 두 남동생은 삼 겹상을 받고, 여섯 자매는 어머니와 두레반상에서 식사를 했다. 아침마다 학교 시간에 쫓겨 온 식구가 한상차림에 앉지 못하고 저녁에도 마찬가지로 각자 분주했다. 그런 기억이 늘 안타까웠다.

결혼 후 아내는 일요일이면 아이들을 위해 특별한 점심을 준비한다. 손끝에 바람이 일도록 빠르게 움직인다. 큰 냄비에 낙지와 물오징어, 홍합이며 소라를 넣고, 때로는 전복도 듬뿍 넣는다. 양파와 양배추, 시금치를 푸짐하게 섞고 고춧가루를 뿌려 얼큰한 해물야채수프를 만든다. 따끈한 수프를 손국수 대접에 서너 국자씩 떠 넣으면 엄마표 짬뽕이다. 큰아들은 쫀득한 낙지가 맛있다며 골라 먹고, 둘째는 소라를 건져간다. 잔정 많은 셋째가 전복이 무엇인지도 모르면서 아빠 국수그릇에 떠다 넣고 싱긋 웃는다. 아빠는 음식을 골라먹으면 안 된다고 주의를 주지만 아이들이 후루룩 국수대접 비우는 것을 보면서 잘 키워야겠다고 다짐한다. 그리고 맛있게 해주고 싶은 아내의 어머니다운 마음도 함께 헤아린다. 시간이 지나 제 가정을 꾸려 떠난 아이들은 엄마표 짬뽕을 먹은 기억이 없다고 하는데, 엄마는 그때의 모습이 어제처럼 생생하다. 가족을 다스려야 하는 가장이 된 아들들은 지난날의 기억을 생각해 낼 겨를이 없는 것 같다.

"된장찌개 좋네."

"벌써 취나물이 나왔어요."

"참기름 냄새가 고소하니 입맛이 도는군."

남편의 밥상 칭찬은 솜씨 없는 아내를 부끄럽지 않게 한다. 그저 소박하고 정갈한 밥상이다. 어느덧 세월이 그렇게 흘러갔나? 어머니의 입맛에 길들여 있던 남편이 아내의 손맛에 젖어 느슨해졌다. 깔끔한 입맛이 둔해졌다.

"나박김치 색깔이 곱구료."

"새 맛이 나지요?"

아내는 오늘따라 아침상이 마음에 드는 모양이다. 남편도 아내의 그런 마음을 짐작한 것 같다. 결혼하고 몇 년을 떨어져 지냈고 서울로 올라와 가족과 함께 생활할 때도 시어머니와 시동생, 시누이들과 같이 살았으니 신혼의 맛을 모르고 지낸 터였다. 오랜 세월을 그렇게 보내고 아들들도 떠난 자리, 이제 내외는 오롯이 그들만의 밥상에 오붓한 정감情感을 채운다.

밥상을 물리고 남편이 설거지를 한다. 그의 뒷모습이 마치 밥상을 준비하는 모습이다. 칠십에 반을 넘긴 지금도 세월이 나이를 세고 있지만, 내외는 가끔씩 밥상에 둘러앉아 걸차게 먹어대던 아들들을 본다.

더 오래 함께하는 따뜻한 밥상을 차려야겠다.

그들과 함께

늦봄인가 싶더니 어느 새 지천이던 진달래꽃은 자취를 감추고 사방이 연녹색으로 가득하다. 벌써 여름으로 건너가나보다. 밑반찬을 서둘러야 한다는 생각이 들자 조바심이 났다.

마트 진열대에는 오십 개씩 포장된 오이지용 오이가 할인 판매를 하고 있다. 몇 번을 망설이다 카트에 올려놓는다. 욕심껏 장아찌용 마늘도 반 접 묶음 두 단을 집어 싣는다. 집으로 오면서 마음속은 치고받고 야단이 났다. '어쩌려고 오이에 마늘까지 산거야!' 욕심이 머리를 들이대고 머릿속도 지지 않는다.

오랜 직장생활을 하는 동안 시어머니 손에서 밥을 먹으며 큰살림은 거의 어머니 몫이었다. 간장, 된장, 고추장은 물론이고, 한창 오이가 날 때면 가시가 칼칼하게 돋은 키 작은 것이 오이지로 변하여 여름 입맛을 돋우었다.

풋마늘이 나올 때는 야들한 것으로 진간장에 색을 내고 새콤달콤하게 삭힌, 그야말로 감칠맛 나는 어머니표 밑반찬이다.

퇴직 후 시어머니께서 하시던 살림을 맡아 하게 된 것은 새로운 도전이었다. 어머니의 손맛에 익숙해 있는 식구들의 입맛을 맞추려면 여간 힘든 게 아니다. 며느리표가 필요하다. 곁에서 보고 시키는 대로 하던 내 실력은 실제 손맛이 되지 못했다. 음식을 배워가는 중에 무거운 병마가 어머니를 덮치면서 음식 배우기를 더할 수 없었다. 시어머니께서 해마다 담가온 간장, 된장, 고추장이며, 과실주를 어머니 세상 떠나실 때까지 오 년여를 먹었으니 매년 빈 항아리만 늘어갔다. 그 후로 오이지는 마트에서 사오고 마늘장아찌는 상에 못 오른 지 십여 년은 족히 된다.

며느리를 셋이나 보았어도 명절음식을 마련할 때는 미리 상차림표를 만들어 냉장고 문에 붙여놓는다.

"내 살림 연차가 너희들과 같으니 이것 보고 알아서 준비해라."

며느리들에게 일러 왔다. 그러나 한편으로 나도 시어머니인데 이건 아니다 싶어 속마음이 가끔씩 까탈을 부린다. 우선 장 담그는 일은 뒤로 미루고 오이지와 마늘장아찌부터 시작해 보자고 마음을 다잡는다.

살림 잘하는 친구에게 전화를 걸어 오이지 절이는 법과 마늘장아찌 담그는 법을 전수받았다. 요리책을 들춰보고 메모를 했다. 그렇게 시작한 나의 살림살이는 여전히 서툴고 어렵기는 마찬가지이다.

깨끗이 씻어 물기를 뺀 오이를 항아리에 차곡차곡 넣었다. 시작이 반이라고 했던가? 펄펄 끓는 소금물을 싱싱한 오이에 부으려니 선뜻 손이 가지 않는다. '괜찮을까, 오이가 아파하면 어쩌나' 망설여진다. 우리의 삶에도 끓는 소금물 같은 고난이 있었을 터이다. 아파하며 새로이 오이지로 변신하는 모습을 기대하면서 독한 마음으로 끓는 소금물을 내리부었다. 금시 초록색 오이가 누런빛으로 변해간다. 내일 아침 소금물을 다시 한 번 끓여 붓고 일주일 기다리면 쪼글쪼글 노란색을 띠고 아삭거릴 오이지가 되겠다. 새로운 맛의 변신으로 내 앞에 설 것이다.

꽃무늬가 아름다운 유리단지 속 마늘이 차례를 기다린다. 식초와 물을 희석해 끓여 식힌 초간장물을 마늘에 붓고 뚜껑을 닫았다. 일주일 후 다시 초간장물을 만들어서 삭혀야 한다. 붉으스레한 속살이 초간장물에 잠겨 한

달여를 넘기려면 숨이 차겠지만 오이보다 덜 아플 것 같다. 제 맛을 내기까지 더 긴 시간을 기다리는 괴로움을 견뎌야 한다. 오늘은 그들과 함께 고단한 하루를 보내었다. 칠십을 넘겨 시집와 새살림하는 새댁 같은 마음으로 마늘단지를 바라본다. 그동안 해보지 못했던 일상의 일들로 뒤늦게 살림 맛을 알아가고 있다.

더운 기운이 가까이 퍼져온다. 송곳보다 따끔한 햇볕과 찐득한 무더위에 지쳐 씨름해야 할 한여름, 짭짤한 오이지에 새콤달콤한 마늘장아찌를 곁들여 밥상을 차리는 내 모습이 보인다. 그때쯤이면 노랗게 익어 상큼한 맛을 낼 오이지가 고마울 것 같다. 연분홍 날개옷 속에서 숨죽여 기다리며 숙성된 마늘의 속살이 뽀얗게 비친다. 흑진주빛 마늘장아찌를 반으로 갈라 꽃수를 놓듯 투명한 유리접시 위에 올린다. 군침이 저절로 우물만큼 고인다.

미안했던 마음을 달래며 어느새 스스로 흡족해하는 내 안으로 아삭하고 새콤한 맛이 훈기처럼 전해온다. 나도 오늘 그들과 함께 성숙해져 가는가보다.

어머니의 삼층장

겨울이라고 하지만 차가운 기운이 엷어져 봄이 곁으로 다가선 듯하다. 그런데 오늘따라 희뿌연 하늘이 금방이라도 비가 내릴 것처럼 우중충하고 우울하다. 삼층장 백동장식을 윤이 나도록 닦던 그날의 어머니 모습 같다. 연꽃잎차를 한 잔 마셔야 기분이 조금 밝아지려나. 물주전자의 스위치를 눌러놓고 잔뜩 흐려진 창밖으로 시선을 돌린다.

그날도 오늘처럼 흐려 있었다. 장작을 때어 밥을 짓던 시절, 어머니는 가끔 부엌 아궁이에서 장작을 태우고 남은 재를 가져와 안방 삼층장의 백동장식을 하염없이 닦고 있었다. 아버지가 새로 살림을 차린 둘째집으로 가고 집에 오지 않은 날이었다.

생전의 어머니는 한복 차림에 한여름에도 버선을 신고 있을 만큼 단아한 분이셨다. 윤기 흐르는 머릿결, 쪽을 찐 까만 머리에 얹힌 옥비녀가 주는 모습에서 기품이 느껴지던 어머니였다.

그 시절, 우리 집 마루에는 박달나무로 만든 쌀뒤주가 한옆으로 놓여 있고, 청남색 그림이 그려진 하얀 항아리 두개가 있었다. 아마도 백자 달항아리였던 것 같다. 항아리는 뒤주 위에 가지런히 놓여 있었다. 거처하시는 안방 윗목에는 어머니가 시집올 때 함께 온 오동나무 삼층장이 귀태스럽게 놓여 있었는데 삼층장은 어머니가 분신처럼 아끼던 유일한 장롱이었다.

아랫목 벽 쪽으로 두 쪽짜리 문갑이 가지런하다. 사랑채가 별도로 없던 터라 아버지의 문갑이 안방에 놓였던 것 같다. 유난히 담배를 좋아하던 아버지는 봉황이 조각된 나전칠기 담배합을 늘 문갑 위에 놓아두었다. 어머니의 오동나무 삼층장과 아버지의 문갑이 가지런히 배치된 안방은 언제나 아늑하고 포근하였다.

아버지의 사업이 확장되면서부터 집을 비우는 일이 잦아졌다. 그날 이후로 어머니는 오동나무 삼층장의 백동장식을 닦기 시작하였다. 오동나무 결을 따라 마른 수건으로 광을 내고, 젖은 수건에 재를 묻혀 힘주어 백동장식을 문지르는 어머니의 손길이 애처롭게 보이던 까닭을

훗날에야 알 수 있었다. 어머니의 삼층장은 어머니의 인내를 담아내고, 한숨을 받아주고, 슬픔을 껴안아준 피난처였던 것이다. 조선의 마지막 여인들이 겪어내야 했던 인종의 세월은 그렇게 흘러갔지만, 조강지처의 자리를 굳건히 지켜주었던 아버지의 의중은 이해할듯하면서 이해가 되지 않았다. 후에 아버지는 돌아온 탕자가 되어 어머니의 병구완을 삼년이나 하시며 임종을 지켜드렸으니 말이다.

어머니가 돌아가신 후 아버지는 아들네를 마다하고 홀로 지내겠다고 하셨다. 어머니가 없는 아버지의 옆자리, 뒤늦게 아버지는 어머니의 자리를 그리워하고 아쉬워하며 사셨을까?

지나고 보면 슬픈 추억도 아름다움으로 남는다고 한다. 그런데도 내 기억 속에서 지워지지 않는 아픔은 언제나 가슴앓이를 했던 어머니의 수심 띤 모습이었다. 모자랄 것 없던 풍족함이, 팔남매나 되는 초롱같은 자식들로도 채워질 수 없던 고뇌를 오동나무 삼층장에 기대어 사신 어머니는 그래서 오래도록 내 마음에 아린 그림자로 남아 있다.

세월처럼 겹쳐진 기억이, 육십여 년이 넘은 지난 시절

의 이야기가 조금 전의 그림처럼 생생하게 떠오른다. 기억 저편에 조용히 잠자고 있던 그리움의 현시일지도 모를 일이다.

창밖에서 한두 줄 빗방울이 유리창을 친다. 아까부터 주전자의 물소리가 리듬을 타고 팔딱거려 찻잔에 연잎을 넣고 물을 붓는다. 연한 연잎 향이 편안하다. 꿈결같이 지나쳐간 어머니가 보고 싶다.

제사 때나 가서 만져보던 어머니의 삼층장. 바쁘다는 핑계로 소원했던 일상을 접어두고 토요일에는 어머니의 삼층장을 만나러 남동생네로 가볼 작정이다. 오늘따라 그리움이 새록새록 살아나 스산하다. 나를 아프게 한다.

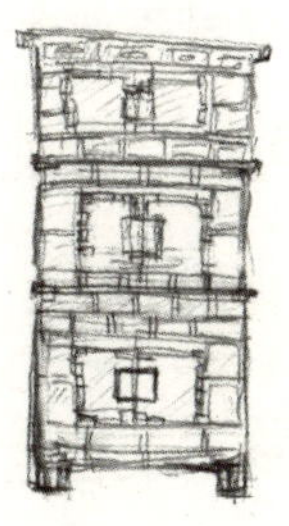

그네

찜질방에 앉아 있는 것처럼 이마에, 등골에 물길이 생긴다. 7월 들어 이렇게 덥기는 몇 년 만이라는 신문기사가 아니더라도 흐르는 물줄기를 걷어내기 바쁘다. 집에 있는 것조차 힘든 이 시간에 둘째 동서가 전화를 했다.

"형님, 내일 시간 되시면 우리 집에서 점심 같이 해요."

"그러지 뭐."

대답은 시원하게 했지만 속으로 '이 더위에?' 마땅치 않다.

손맛 좋은 둘째 동서의 점심은 조촐한 냉콩국수였다. 동갑나기 동서가 형님 대접을 톡톡히 한다. 얼음 동동 떠다니는 육수가 가슴속까지 시원하다.

"그런데 웬일이요?"

동서는 빙긋 웃으며

"형님 모시적삼 하나 해드리려고요."

시집올 때 함에 넣어온 모시 한 필이 그대로 있어 똑같이 지어입고 싶어서란다. 셋째 동서까지 셋이 함께 입으려 했으나 셋째 동서가 일본 큰아들한테 갔다고 한다. 엷은 계란색의 모시는 그대로 쨍쨍하고 수선화처럼 곱다. 오십여 년의 세월이 지났어도 변함없이 깔끔하다. 동서가 아는 한복 바느질집에서 치수를 재려고 거울 앞에 섰다. 거울 속에 비친 내 모습에 생전의 어머니가 웃고 계신다.

'아, 어머니!'

한여름이면 모시 한복을 즐겨 입으시던 어머니 생각이 스치듯 지나 거울 속으로 오셨나 보다.

세모시 옥색치마 금박 물린 저 댕기가
창공을 차고 나가 구름 속에 나부낀다
제비도 놀란 양 나래 쉬고 보더라

한 번 구르니 나무 끝에 아련하고
두 번을 거듭 차니 사바가 발 아래라
마음의 일만 근심은 바람이 실어가네

김말봉 작사, 금수현 작곡의 가곡 〈그네〉의 노랫말이다.*

〈그네〉는 내가 즐겨 부르는 첫 번째 노래다. 노래를 부르거나 들으면 그때마다 어머니가 떠오른다. 그리고 작사자의 마음을 표현한 것 같은 가사 내용이 어머니와 많이 닮았다는 느낌을 받는다. 신학문을 했어도 결코 평탄치 않았던 그녀의 삶을 헤아린다. 집안에 마련한 서당에서 글을 익히며 자란 어머니도 평생 고단하게 사셨다. 교육 환경의 차이만큼이나 다른 두 여인의 삶이 마치 그림을 보는 듯 선명하게 다가온다. '창공을 차고 나가 구름 속에 나부끼'는 댕기머리 소녀처럼 가볍게, 그러나 힘껏 날고 싶은 뜻이 아니었을까?

한여름, 어머니는 모시로 적삼을 짓고 옥색 물감을 들인 치마에 날렵하게 콧날이 선 옥양목 버선을 신으신다. 참숯덩이보다 더 까만 머리는 동백기름으로 윤을 더하고 쪽머리에 옥비녀를 꽂은 모습은 늘 애연哀然하다.

그날도 시원스레 모시로 단장한 어머니는 아버지의 모시두루마기를 손질하셨다. 흰 모시로 지은 두루마기에 푸새하여 꾹꾹 발로 밟아주면 주름진 곳이 골고루 펴진

* 부산광역시 강서구 대저1동 낙동강 제방에 세워진 〈그네〉 노래비 참조.

다. 한낮의 햇살이 하늘을 덮고 금빛 여운을 일으키며 어두워가는 하루. 어머니는 그때까지 다리미 손질을 계속하지만 그날 밤 아버지는 집으로 오지 않으셨다.

동경 유학까지 다녀온 시대의 여성 선각자 김말봉. 신문기자로, 소설가로 활발하게 활동하던 그녀가 두 번의 결혼이 모두 재취 자리였으니 평탄한 생활은 아닌 듯싶다.

한 번 구르고 '두 번을 거듭 차니 사바가 발 아래라'고 했다. 인내와 인고의 끝에서 '일만 근심은 바람이 실어' 간다고도 했다. 작사자의 소망을 담아내고 배려한 결구結句가 처연하다. 말년에 믿음의 길로 들어선 그녀는 신여성답게 사회의 빛과 소금의 역할을 충실히 하였다. 더욱이 '바람이 실어'간 '일만 근심'을 되돌아보며 호수같이 잔잔하게 위로를 주는 노랫말 〈그네〉를 우리 곁에 남겨 사랑을 받고 있다.

어머니는 삼년 동안 병석에서 아버지의 따뜻한 간호를 받으며, 코스모스 흐드러지게 날리던 날 남편을 가슴에 품고 편안한 얼굴로 떠나셨다.

모시를 보면 〈그네〉의 노랫말이 피어나고, 〈그네〉를 부를 때면 흰 모시로 단장한 어머니가 가슴 가득 안긴다.

박태기 꽃

봄은 꽃에서 시작하나보다. 여기저기 향기로 가득하다.

20대 국회의원을 뽑는 날, 풍림아파트 앞 화전초등학교에 투표장이 설치되었다. 일찍 아침을 먹고 투표장으로 향한다. 학교운동장은 비어 있어도 아이들의 웃음소리와 왁자지껄 떠드는 소리가 들리는 듯 훈훈하다.

운동장을 지나 투표장으로 가는데 교실 앞 화단이 눈에 들어온다. 홍매화보다 더 짙은 자색의 꽃송이들이 나무를 감싸 안듯 무리지어 달라붙은 채 요염하게 웃는다. 이파리 하나 없이 발목에 몸통에 허리에 가슴까지 촘촘히 피어있는 모습이 신기하다. 나무 앞 푯말에 「"박태기나무"/ 분류:콩과/ 개화:3~4월/ 특징:잎보다 분홍색의 꽃이 먼저 피며 꽃 색깔이 화려하다/ 인천화전초등학교」라고 쓰여 있다.

어머니는 목련 꽃을 좋아하셨다. 잎이 깨어나지도 않

은 가지에 우윳빛 꽃송이가 맨몸에 매달려 수줍게 피어서이다. 박태기나무 꽃이 목련과 닮았다는 생각이 든다. 박태기 꽃도 꽃잎이 진 후 잎이 나고 열매를 맺는다 하지 않던가? 조신操身하셨던 어머니가 차라리 박태기 꽃처럼 선홍의 열정을 지녔더라면 속앓이하지 않아도 되지 않았을까.

투표를 마치고 박태기 꽃이 핀 화단으로 간다. 그곳에 잔잔하게 미소 짓는 어머니가 보인다. '다시는 고개 숙인 목련이 되지 마세요. 화사하게 웃는 박태기 꽃이 되세요.' 홍자색 꽃송이들이 송골송골 내 안에서 피어오른다.

5월 들어 학교에 가보았다. 화단의 꽃들이 여름으로 가면서 아이들처럼 싱그럽게 피어 있다. 꽃잎이 떠나간 박태기나무의 꽃자리에 초록색 잎들이 다투어 치장이다. 그 틈새를 비집고 콩깍지들이 청포도 송이처럼 튼실하게 엉겨 있다. 둘러선 아이들, 활기가 넘친다.

감자를 먹으며

온종일 집에 있는 날이면 점심이 문제이다. 무엇을 먹을까, 매일 먹는 밥으로 점심까지 하기엔 질린다. 별미를 하려면 간단한 것을 해도 손이 간다. 이제 손가는 일은 엄두가 나지 않아 쉬운 방법을 이리저리 찾아본다.

오월 들어 시장에 햇감자가 나왔다. 보름달같이 뽀얀 속살을 보이며 껍질도 헤식게 퍼져 수줍은 모습이다. 감자를 샀다. '오이지에 싱싱한 토마토를 곁들이면 금상첨화, 별미 점심이 되겠구나!'

강릉은 감자 농사가 많은 고장이다. 여름방학에 고향을 다녀오는 오촌 당숙의 짐 속에는 예외 없이 감자 포대와 감자가루가 들어 있다.

어머니는 햇감자를 얹어 밥을 지으신다. 밥주발에 섞인 감자는 뭉게구름처럼 탐스럽게 피어 있다. 절로 군침이 도는데 얼른 아버지의 수저가 들리기를 기다리던 기억이 난다.

어머니는 간식으로 감자를 갈아 감자전을 부치고, 어느 때는 감자가루로 감자떡을 해주신다. 익반죽을 하여 동부로 속을 채우고 양쪽 손가락 사이에 넣어 꾹꾹 손자국을 내서 쪄낸 감자떡은 우리 팔남매의 별미 점심이다. 오이냉국을 곁들여 먹던 반들반들 투명한 감자떡은 어머니의 정성이 담긴 특식 중 하나이다. 햇감자를 보면서 어머니가 만들어주시던 감자음식들이 떠올라 잠시 동안 어머니를 만나는 행복에 젖었다.

감자를 씻어 압력솥에 안쳐 쪄내었다. 감자는 목화송이처럼 겉껍질이 터지고 속살이 파신하게 얼굴을 내민다. 오이지를 새콤한 냉국에 채 썰어 투명유리그릇에 담고 그 위로 고춧가루, 깨소금, 쪽파를 송송 썰어 띄웠다. 토마토는 여덟 쪽으로 잘라 유리접시에 가지런히 놓았다. 먹음직하다. 마치 어머니가 차려주신 밥상같이 푸짐하고 정겹다.

계절마다 제철 음식 재료가 밥상을 풍성하게 한다. 추운 겨울을 이기고 새순을 틔우는 산나물, 들나물들이 용하다. 뿌린 씨앗이 새 기운을 받아 순조로운 시작을 알리는 새싹들이 자랑스럽다. 겨우내 숨죽여 기다려온 씨

감자도 여린 줄기 아래서 조용히 덩이줄기 감자가 되고, 몸집이 커지면 여름내 먹거리 식품으로 풍성하다.

어머니 시대를 지난 감자는 이제 양식을 보태는 일에 더하여 많은 용도로 쓰이고 발전했다. 만두피를 만들어 냉동 만두를 빚고, 아이들이 좋아하는 과자로도 굽힌다. 특히 햄버거 가게에서는 필수 튀김으로까지 대우를 받고 있다. 감자가 가공되고 혼합 제조되어 당당히 우리 식생활의 기호식품이 된 것이다. 감자의 무한 변신이 일상의 먹거리로 자리잡아가는 것을 보면서 한편 풍성함에 가려진 첨가물의 오염을 생각하면 안타까움도 있다.

감자를 그대로 쪄서 먹거나, 단백하게 부침개를 부치고 감자떡을 만드는 고전 방식에는 건강을 해치지 않는다는 믿음이 있다. 감자 그대로, 어머니의 손맛으로 해주시던 먹거리, 내 아이에게 걱정하지 않고 먹일 수 있는 소박한 식품으로 재탄생하는 바람을 가져본다.

감자는 어느 토양이나 기후에도 잘 견디며 퍼져간다. 뿐인가, 스스로의 몸을 썩혀 속살만 건져내는 아픔을 견디고서 제 살을 닮은 감자가루로 변신한다.

세월이 지나 몸의 균형이 깨지기 시작하면서 가끔씩 마음의 평정이 흔들릴 때가 있다. 감자가 척박한 환경에서도 잘 자라듯, 나도 그렇게 지난 세월 당당하게 넘겨왔다. 그런데 감자가루가 만들어지는 것처럼 세월과 함께 조금씩 부서져 내리는 내 몸을 보면서 스스로를 조율하는 위로가 필요하였다.

지금은 위로의 틀에서 벗어나 나누는 기쁨을 배우며 터득한다. 끊임없는 반복으로 다듬어간다.

빛나던 시절이 훨씬 지난 후 기억으로 머물면 조용한 침묵이 오겠지. 청정한 마음이 되는 오늘을 맞이할 수 있다면 찐 감자처럼 내일이 담백해지지 않을까.

꽃마중

가로수 진초록 색깔이 한껏 여름을 자랑하던 거리에 실바람이 스친다. 가을 마중을 하듯 거리 사이사이를 지나 목덜미 땀줄기를 씻겨주고 슬며시 달아난다. 저만치 가을이 오고 있나보다.

장을 보려고 부평시장 길을 건너려다 잡화가게 앞에서 눈길이 멎었다. 가게 한 모퉁이를 환하게 터잡고 피어 있는 꽃들이 나를 보고 웃는다. 생화처럼 탐스럽게 피어 있는 조화造花들. 장 볼 생각을 잊은 채 예쁘게 핀 장미꽃 한 다발과 빛 고은 노란색 국화를 한 묶음씩 샀다. 집에 들어서면서 오지항아리를 찾아 국화꽃을 꽂고 현관 한 옆에 놓았더니 국화 떨기 흐드러진 들녘처럼 풍성하다. 금방이라도 나비가 찾아올 것 같은 착시까지 일게 한다.

붉고 연한 분홍색이 조화롭게 어울린 장미는 작은 유리병에 꽂아 화장실 세면대 날개 위에 두었다. 봄을 맞은 여인처럼 화장실이 화사하다.

아파트로 이사를 온 후 꽃가꾸기가 쉽지 않아 공기정화용 사철나무와 화초 서너 본을 화분에 키우고 있다. 처음 몇 번은 꽃을 사다 장식해보았지만 일주일을 넘기지 못하고 시들어 안타까웠다. 그렇게 잊고 있었는데 생화 같이 아름다운 조화를 만난 것이다. 꽃모양이 정교할 뿐 아니라, 색깔이며 잎이 마치 살아서 숨 쉬는 것같이 깨끗하다. 예전에는 눈에 들어오지도 않았을 조화들이다. 아니면 무심히 보았거나 지나쳤을 것이다. 집안에 아늑하고 화기和氣 도는 분위기 메이커는 꽃이 제격이라 생각했다. 그러나 꽃이 없다고 일상이 불편하거나 꼭 있어야 한다고 까탈을 부리는 것은 아니다. 어느 날 문득 생활이 권태롭고 무료할 때 꽃이 있으면 좋겠다는 아쉬움이 무심결에 남았던 모양이다.

조화는 향기를 낼 수 없어 꽃맛이 나지 않는다. 숨을 쉬지 않으니 꽃으로 대접을 받을 수도 없는데 얼마나 향기 품은 꽃으로 피어나고 싶을까? 꿈에도 이루어질 수 없는 희망을 체념하면서 오늘도 잡화가게 한 귀퉁이에서 찾아줄 주인을 기다렸으리라.

갑자기 내가 선택한 국화와 장미 다발이 우리 집 현관

에서, 화장실에서 만족한 표정으로 웃을 수 있도록 꿈을 찾게 해주고 싶다.

꽃들이 생기가 돌도록 해주겠다는 생각이 미치자 사용하지 않고 두었던 향수병을 찾아 장미꽃 조화 위로 살살 뿜어주었다. 은은하게 피어오르는 아카시향의 꿀 같은 기운에서 달콤한 향기를 받아내며 장미꽃은 숨 쉬듯 꽃이 되어 살아났다. 김춘수 시인의 「꽃」 한 구절에 얹어 "… 내가 너에게 향기를 주었을 때/ 조화는 수줍은 듯 살아나 꽃이 되었다."

현관에 놓아둔 국화꽃에도 향수를 뿌려주었다. 다소곳이 감싸 안듯 허브향이 퍼진다. "… 내 언니같이 후덕하게 생긴 꽃"이 살포시 웃고 있다.

외출에서 돌아온 남편이 현관에 들어서면서

"어! 상큼한 이 향기? 국화꽃이 활짝 피었네!"

"향기가 나요?"

"상큼하다고 했잖소. 현관에 들어서는데 향기가 퍼져와요."

"그랬어요! 조화인데요."

나는 일을 저지르다 들킨 아이처럼 두 볼이 달아올랐다. 큰일을 해 놓은 것같이 기분은 좋았다. '왜 진작 이

생각을 하지 못했었나. 화장실에 가면 화사한 장미꽃 향기에 또 한 번 놀라겠지!'

꽃인데도 꽃 대접을 받지 못하는 조화를 보면서 새삼스레 나이를 더하며 향기를 잃어가는 내 모습이 느껴진다. 세월과 함께 서서히 빠져나가는 나의 향기가 눈앞에 보이는 것 같다. 나에게도 은은하고 상큼한 향기가 조금은 남아 있을까?

초가을로 기억되는 그 저녁, 국화꽃을 한 아름 안겨주며 멋쩍어 하던 그의 얼굴이 떠오른다. 퇴근길에서 할머니가 담장 낀 길 위에 웅크리고 앉아 꽃을 팔고 있었다고 했다. 할머니의 오지동이에 가득 담긴 국화꽃이 잔잔한 향기를 내며 웃고 있어 사들고 왔다는 변명을 하던 멋쩍은 표정이 떠오르며 나를 따뜻하게 한다.

조화에 스며든 향기, 향기는 꽃에만 있는 것이 아니라 함께 나이 들어가는 시간에도, 삶에도 필요한 것이었다. 향수를 받아 향기가 돌듯, 삶의 마디마디 순간마다 향수 같은 꿈을 그리면 새 기운이 퍼져 진하고 감미로운 향기로 돌아올 것 같다.

따뜻한 눈길이 그리워지는 가을. 붉게 퍼지는 노을빛이 향기처럼 가슴으로 젖어들며 세월을 앞세우고 있다.

장수슈퍼 그녀

풍림아이원 아파트에서 작전역으로 가려면 후문에서 사거리를 지나 직진해야 한다. 그 중간쯤에 그녀가 운영하는 장수슈퍼가 있다.

언제부터인가 남편이 오가며 슈퍼에서 우유를 사들고 온다. 나와 동행일 때는 함께 들어가 필요한 것들을 사오기도 한다. 크지 않은 슈퍼지만, 길 건너편에 제법 큰 마트가 있어도 쏠쏠하게 손님이 드나드는 것을 보면 주인의 성정이 어떤지 짐작이 간다.

슈퍼는 봄부터 초겨울 찬바람이 불기 전까지 셔터 앞쪽에 십여 개가 넘는 1년초 화분으로 화단을 만들어 놓았다. 날씨가 따뜻해지면서 절기의 꽃들이 피고지고 계속 피어 가을까지 꽃으로 가득하다. 슈퍼에 들어서면 진열대 뒤 윗벽에 계절별 꽃사진을 걸어놓았다. 슈퍼는 안팎으로 꽃 속에 둘러 있는 셈이다.

어림잡아 50대 중반으로 보이는 그녀는 손님이 들어와 물건을 찾을 때까지 묻는 일 없이 기다린다. 우리가 갔을 때도 그렇게 책을 읽다가 눈길을 준다.

"책을 좋아하나 봐요!"

"네, 그냥 읽어요."

엷은 화장에 늘 웃는 얼굴로 머리 손질도 단정하다. 우리 내외를 보면 노부부가 정답게 가는 모습이 보기 좋았다며 자주 반가운 표정을 지었다. 주로 계산기 앞에 조용히 앉아 책을 읽다가 손님을 맞이하는데 행여 손님이 오기를 기다리는 것 같지도 않고 저녁 아홉시가 되면 셔터를 내린다. 하루살이가 팍팍한 세상에 가게문을 열어놓고 손님을 기다리는 것은 당연한 데도 그녀에겐 그런 모습이 전혀 없다. 책을 읽으며 꽃사진을 보거나 문밖 화단에 물을 주면서 행복해 하는 그녀가 신기하기만하다.

그녀는 매일 아침 일찍 계양산 둘레길을 운동 삼아 걷고 온 후 하루 일과를 위해 셔터문을 올린다. 둘레길에서 만나는 사람들의 경쾌한 발소리, 산이 뿜어내는 청량한 기운과 바람이 스쳐가는 몸놀림을 맞는 것이 그녀가 새롭게 충전하는 시간이다. 나무의 숨소리며 풋풋한 나무냄새로 아침을 대신할 때는 느긋하고 정갈한 기분이

든다고 한다.

혼자 있다는 사실을 내색하지 않는다. 심심하다고 속없이 떠들지 않고, 주위의 눈치를 살필 일도 없이 오는 대로 손님을 받고 보내면 하루가 이울어간다며 웃는다. 가끔은 조금 전 읽던 책 속 주인공과 이야기하고 그와 함께 흥분하다 설레기도 한다는 그녀다. 이웃의 떡집 여자가 황설탕을 사러 오던 날 무심히 우유 하나를 집어 떡집 여자의 손에 들려준다. 그냥 그렇게 하고 싶다며 또 웃는다.

한여름의 무더위가 어느 새 숨을 내리고 소슬한 가을바람이 불기 시작한다. 과꽃은 이미 지고 가녀린 코스모스도 머리를 숙인다. 자줏빛 국화는 아직 고개를 꼿꼿이 쳐들고 K팝가수처럼 살랑대지만 더위를 넘긴 작은 꽃밭은 겨울 채비를 할 모양이다.

며칠 후 슈퍼에 들렀다. 그 새 화단은 추수를 끝낸 들녘처럼 머리가 깎여 처연해졌다. 그런데 예년 날씨보다 포근해서인지 화분의 잘린 머리 틈 사이로 국화꽃 새순이 토끼눈을 하고 솟아있다. 어미의 젖줄을 놓지 않고 당기는 새 생명을 힘껏 밀어 올리는 기운이 보였다. 그제야 그녀가 꽃에 갖는 기쁨의 의미를 알 것 같다. 우리의 삶도 다르지 않은 듯 뻗어나는 아이들의 기를 살려 밀어 올려놓고 미련 없이 세상을 내어주는 것이 아닌가.

그녀를 만나면 언제나 편안하다. 급할 것도 힘들 것도 없어 보이는 그녀의 살아가는 모습에서 순리順理를 본다. 욕심을 내려놓으면 저렇게 편안할 수 있는데 나는 연습만 하고 사는 것은 아닌지 조심스럽게 돌아본다.

물거품처럼 던져버리고

무릎 관절 운동에 좋고, 모든 신체건강에 도움이 될 것이라며 큰며느리가 신청해 준 아쿠아로빅을 한지 5년이 되었다. 동네마다 노인 복지에 힘을 기울여서인지 구민회관을 비롯한 복지관, 청소년 수련장 같은 곳에서 운영하기도 하고, 웬만한 헬스클럽은 실내수영장을 갖추고 있어 수영과 함께 아쿠아로빅 교육을 하는 곳이 많아졌다. 나는 민간 헬스클럽에서 운영하는 실내 수영장에 나가고 있다.

아쿠아로빅aquarobics은 '물'의 뜻을 가진 라틴어 아쿠아aqua와 에어로빅aerobic이 결합한 말이다. 물의 저항과 부력 등을 이용해 음악에 맞추어 에어로빅의 동작을 수중운동 형태로 변형해 만든 유산소운동이기 때문에 근력운동에도 도움이 된다. 또한 물속에서 다리를 굽히고 펴기가 쉬워 무리하지 않고 근육 이완도 잘 되며, 팔과 전신운동을 비롯하여 레인을 따라 걷거나 수영도 겸할 수 있는 장점을 갖고 있다. 대체로 지상 운동이 힘든 노년층에서 선호하지만, 요즘은 신체 균형미를 갖추려고 젊은이들도 즐겨하는 운동이 되었다.

아쿠아로빅의 발상은 고대 그리스와 로마시대의 대중목욕문화에서 엿볼 수 있는데, 물이 인간의 질병에 대한 치유력을 높이고 건강을 유지하는데 필요한 요소로 활용돼왔기 때문이다. 제1차 세계대전 후 유럽 등지에 만연했던 소아마비에 물을 이용한 수중운동의 수치료水治療가 시행되었었고, 초보 수영지도법이 비만환자에게 활용되기도 하였다. 1980년대에 들어서 루스 소바라는 에어로빅 강사가 물속에서 응용하여 운동한 것이 지금의 아쿠아로빅으로 발전한 것이라 한다.

우리나라에는 1990년도 초에 한국체육과학연구원이 수중에어로빅 프로그램을 발표하면서 수영과 함께 본격적인 수중운동으로 각광받게 되었다.

오늘도 수영복에 수영모를 쓴 사십여 명의 수강자들이 다섯 개 레인에 줄 맞추어 물속에서 움직인다. 삼십대로 보이는 젊은 여자 서너 명에, 대부분 오륙 십 대 아주머니들이고, 칠십 대 노인들도 십여 명 정도. 지도 강사는 이십 대 후반의 예쁜 여선생이다. 단련된 근육질의 에스 라인을 갖춘 강사는 활발한 성격에 애교도 만점이어서 수강자들이 좋아할 뿐 아니라 할머니 제자들의 비위를 어쩌나 잘 맞추는지 그 인기가 나날이 높다.

섬에서 태어나 뭍으로 시집왔다는 102동 706호 할머니는 젊은 시절 바다에서 거의 살았었다며 운동 시작 전에 레인을 따라 서너 번 왕복 수영으로 노익장을 자랑한다. 무릎 관절 수술을 받은 지 오 개월여 만에 아쿠아로빅을 하면서부터 걷기가 조금 수월해졌다며 손자 돌보는 틈을 내어 부지런을 떠는 미영네. 유난히 몸집이 큰 명희씨가 신들린 무당처럼 물속에서 풍덩대고, 몸매를 자랑하는 이 여사는 음악소리에 맞춰 나풀나풀 신명 나게 춤사위를 해댄다.

광풍이 지나가듯 물결처럼 웃음이 넘치는 물속 여인들. 조금 후 시작을 알리는 음악이 빠르게 울려 퍼지면 하던 동작을 멈추고 집중해서 강사와 눈을 맞추며 열심히 따라 움직이는 순진한 학생으로 돌아간다.

대부분 힘겹게 살아온 노인세대와 아직도 일을 해야 하는 중년의 여인들, 자녀를 학교에 보내고 틈을 내어 다니는 부지런한 젊은 엄마들이 한데 어울려 건강이라는 화두를 붙잡고 음악에 실려 소녀처럼 움직인다.

되돌아보니 우리 세대는 질곡의 시대를 힘겹게 거쳐 온 강인한 여인들이었다. 유년시절을 일제 강점기에서 보내고 광복의 기쁨을 누리기도 전에 또다시 6·25 전쟁을 몸으로 받아내었던 불행한 시대를 살아왔다. 보릿고개를 지났는가 하면, IMF 경제 위기를 금가락지, 금목걸이로 이겨온 세대들이다. 이들이 힘들고 고단했던 지난날의 고통을 모두 물거품처럼 던져버리고 지나온 세월, 삶의 아픔과 상처를 저마다 넉넉하게 받아들이면서 편안한 마음으로 물속에서 춤을 춘다. 온전히 성인이 되어 슬하를 떠나는 자식들을 가슴에 품고 남편과 함께 혹은 혼자서, 또는 자식과 손주들을 돌보면서 아쿠아로빅에 몸을 맡기고 있다.

큰며느리 덕분에 시작한 아쿠아로빅이 처음에는 그리 달갑지 않았다. 아쿠아로빅은 보행이 힘들고 비만인들이 하는 운동인 줄 알았기 때문이다. 그렇게 막연히 생각했는데 운동을 하고부터 몸과 마음이 개운하고 가벼워지는 느낌을 받는다. 체중 관리가 되고 근육에도 탄력이 붙어 처지는 피부를 잡아주는 것 같았다. 그뿐 아니라, 아쿠아로빅을 하면서 다양한 연령층의 사람들을 만나고

이들의 살아온 이야기를 들으며 사람 사는 곳에는 남이 알지 못하는 여러 모습, 그들 자신의 삶이 있음을 알게 되었다. 그리고 나도 지나온 날들을 돌아보는 일이 잦아졌다.

아버지의 사업 실패는 나에게 힘겨운 소녀시절을 거치게 했다. 결혼 2개월여 만에 다시 직장으로 돌아가야 했고, 남편과 별거 아닌 별거의 신혼생활, 삼형제 아이들을 시어머니 손에 맡겨놓고, 삼십여 년을 앞만 보고 달렸던 직장생활, 그러다가 잊고 있었던 지금의 나를 새삼 되돌아보게 되었다. 힘들고 고달팠던 지난날들, 그래도 그 시간 속에 내 삶의 열정과 일에서 얻었던 보람과 성취감에 만족해하던 기억들이 하나하나 되살아났다. 아이들이 잘 자라서 제자리를 굳게 서는 모습에서 행복을 느끼고, 가족을 위해 헌신하신 시어머님과 남편의 사랑이 내게 더없는 힘의 원천이었음을 다시금 확인할 수 있었던 것은 선물이었다.

시어머니 떠나신지 7년여, 아들 삼 형제가 모두 가족을 거느린 어엿한 가장으로 제 몫을 하고 있는 지금이 얼마나 고맙고 기특한가! 토요일이면 손자 손녀들이 내 집을 찾아와서 오붓이 살고 있는 우리 부부를 기쁘게 한다. 매일매일 감사하며 든든하고 미덥다.

한고비 넘어서서, 살아갈 날들은 아프지 않고 짐이 되지 않게 건강한 몸, 따뜻한 마음으로 여유를 감싸 안으려 한다. 창창한 바닷가 파도를 타고 스러지는, 저녁노을 속으로 숨죽이며 잦아드는 선명한 불덩이를 닮고 싶다. 해맑은 하늘가 부드러운 구름이 퍼져나가듯 편안한 눈길로 주위도 둘러보는 내가 되고 싶다.

사랑의 씨앗

잊고 있다가 문득 떠오르면 죄지은 사람처럼 불편하고 답답한 느낌은 어쩔 수 없는 현상이다. 그렇게 50여 년을 지녀온 짐이었지만 한편 가장 귀한 사랑의 씨앗이었다. 그 씨앗, 마음 한곳에 간직하고 세월의 무게만큼 깊숙이 품어두었던 희망이며 부채이던 씨앗을 이제야 제자리 찾아 심게 되었다.

2010년 7월 14일. 불볕더위가 쏟아져 내리는 한낮인데도 더운 줄 모르고 남편과 함께 서울대학병원을 찾았다. 미리 연락을 하지 않고 갔더니 병원장은 외출 중이었다. 며칠 전 비서실에 전화하여 수일 내 방문하겠다는 의사를 전하고 오늘 예고 없이 찾아간 것이다. 병원장은 부재 중이었지만 비서실장에게 가지고 간 봉투를 내놓으며 병원장께 전해 달라 부탁하고 방을 나섰다. 봉투 안에는 50여 년 전 내가 수술 받을 수 있었던 경위와 당시 서울

대학병원장, 수술을 담당했던 서영환 교수, 주홍재 인턴, 최삼출 간호원의 고마움에 대한 감사의 글과 얼마간의 기부금이 들어있다.

“수고했어요. 병원장은 만나보았소?”

밖에서 기다리던 남편이 조금은 긴장한 듯 묻는다.

“아니요. 출타중이래요. 전에 전화 받던 여직원이 비서실장에게 안내해주어 봉투만 주고 왔어요.”

“잘 했어요. 갑시다.”

남편도 편안해 보였다.

7월의 오후는 열기로 가득했지만 마음은 가로수 신록처럼 산뜻하고 푸르렀다. 하늘의 구름조차 아름다운 무늬를 그려가며 펴져 오르고, 거리를 오가는 사람들이 나를 향해 밝게 웃으며 잘했다고 인사를 하는 것 같다.

인천행 전동열차는 그날따라 더욱 시원하고 상쾌했다. 세상은 노인들에게 무임으로 승차할 수 있는 좋은 환경이 되었다. 우리 가정도 안정이 되었는데 이제 겨우 병원을 찾아왔구나 생각을 하니 조금 전의 홀가분한 기분도 잠시, 갑자기 가슴이 멍해지면서 숨이 찼다. 너무 늦은 것이다. 만시지탄이지만 약속을 지킬 수 있어서 그나마 다행이라고 다시 마음을 추슬러 다잡았다.

집에 들어서는데 비서실장이 전화를 했다. 큰 금액을 기부해주어 감사하다는 인사와 함께 병원장 계시는 날 연락하겠다며, 이름과 주소를 물어왔다. 봉투 안에 내 이름과 주소는 밝히지 않았었다.

"괜찮아요. 그냥 저처럼 어려움을 당한 이들을 위해 써주세요."

대학 3학년이 되던 해에 특별한 계기로 여름 방학 동안 농촌 봉사활동에 참여했는데 힘이 부쳤던 것 같다. 2학기 개강 후 체육 시간(당시 우리 학교는 전 학년 체육 학점이 필수였다.)에 허리가 아프고 다리를 구부리기 힘들어 시간을 채우지 못하였다. 여러 병원을 다니며 진찰한 결과는 척추 사이의 연골이 빠져나와 신경을 누르고 있기 때문에(추간판탈출증) 연골 제거 수술을 받아야 한다는 것이다. 요즘은 조기 발견하고 쉽게 치료되는 흔한 병에 속하지만 그 시절에는 까다로운 병이었던 듯하다.

4학년이 되던 1961년은 나라가 정치적, 사회적으로 혼란스러웠다. 아버지의 사업도 영향을 크게 받아 부도가 나면서 공부를 계속할 수 없는 형편에 이르렀다. 학교에 휴학계를 내고 취직을 하려고 여기저기 뛰어다니는 동안 통증은 더 심해지고 마음도 지쳐갔다. 급한 대로 약물과 물리치료를 병행했으나 이렇다 할 차도 없이 그 해가 다 저물 무렵 이 상태로 가만히 있을 수 없다는 긴박감이 몰려왔다. 뒤이어 잦아드는 절망감에 어찌할 것인가, 어찌해봐야 하나 주문하듯 뇌이며 가슴으로 밀려들었다.

무작정 서울대학병원장 앞으로 장문長文의 편지를 썼다. 무슨 용기가 생겼을까, '궁하면 통한다.'란 이럴 때 쓰는 말이었다.

3학년을 마친 휴학생이며, 서울대학병원의 진찰 결과는 수술을 해야 한다는 것이었으며, 지금은 형편이 안 되어 우선 수술을 해 주면 건강을 되찾아 학업을 마친 후에 수술비를 갚겠다는 간절한 내용으로 써서 보내었다.

며칠 후 뜻밖의 기적이 일어났다. 내원해보라는 신경외과 담당 선생의 답신을 받고 꿈결인 양 염치를 차릴 겨를도 없이 달려가 수술을 받게 되었다.

당시의 어려운 나라 사정에서 누릴 수 있는 복지 혜택이었는지, 아니면 병원장의 배려였을까? 신의 뜻이었나? 어찌되었건 절망에서 벗어나 희망이 보였다.

퇴원하는 날 병원장은 "병원비는 갚지 않아도 되니 남은 학업을 마치고 훌륭한 사람이 되라"는 격려까지 해주었다. 그날부터 편지에 약속한대로 내 수술비는 꼭 갚겠다는 결심을 굳혔다. 자신에게 한 약속이고 다짐이다.

어렵사리 졸업을 했으나 어느 새 나는 집안의 가장이 되어 있었고, 힘겨운 생활의 연속이었다. 스스로 결심한 약속을 실행하지 못하고 가슴에 묻은 채 삶에 허덕이며 세월과 씨름하며 지났다.

결혼한 후에도 생활은 나아지지 않았다. 삼십여 년의 직장생활은 삶이란 쉬운 일상이 아님을 일깨워주었다. 다행히 잘 자라준 아들들이 고맙고, 한결 같은 남편의 격려가 있어 어렵고 고통스럽던 순간들을 손쉽게 넘길 수 있었다. 그런데도 고비마다 힘겨운 현실을 실감하게 되면서 칠십에 이르러 고희를 준비한다는 아들, 며느리에게 처음으로 이야기를 풀어놓았다. 고맙게도 며느리들이 내 약속을 지키겠다고 했다. 그러나 이 일은 내 자신과의 약속이었고 남편의 격려를 받으며 마무리하고 싶었다. 남편은 기꺼이 헤아려 주었다.

그동안 마음속에 묻어두었던 약속의 씨앗을 바로 펴지 못하고 지내온 오십여 년의 세월이 미안하고 부끄럽다. 많이 늦었지만 내 몫을 할 수 있게 되었으니 다행이라 여기면서 긴 시간이 필요했던 지난날을 교훈삼아 그 심정으로 다가올 날들과 소통하려고 마음을 다잡는다.

연말 즈음에는 사방에서 아름다운 일들이 조용히 일어나고, 감동을 주는 따뜻한 이야기가 가슴을 훈훈하게 한다. 나도 그 대열에 서서 조금씩 사랑의 씨앗과 닮은 새싹들을 파릇하게 틔우며 보듬어가는 노년을 꿈꾸고 있다.

시원하게 불어오는 한줄기 바람에 진초록으로 물든 가로수 잎들이 햇빛을 받아 더욱 빛난다. 내 마음처럼 파란하늘이 오늘따라 더 맑고 투명하다.

어느 노부부의 편지

여보, 내 나이가 70세를 넘었다는 것 당신이 아는 것이오?

몇 년 전에 나의 고희를 치른다고 큰애, 둘째 아이, 셋째 아들이 들떠 있었던 것을. 기억은 하나 그때나 지금이나 그것이 나의 이야기가 아닌 것처럼 여겨졌소.

당신의 나이 예순일곱이구려. 당신의 손을 보니 여느 사람과 같이 잔주름으로 덮여 있어 오랜 동안 힘든 일을 해온 것을 보여주는구려.

나와 당신이 만났던 사십여 년 전의 당신은 한여름 녹음처럼 푸르고 풍성하였소. 그 기상도 하늘과 같이 맑고 높았소. 모든 젊은이가 갖는 긍지와 자랑스러움을 우리도 가졌었소. 세월이 넘어지고 좌절과 희망이 반복되면서 오늘에 이르렀소.

오늘도 당신의 손을 잡아보니 삶의 풍성함을 더 알게 하는구려. 정말로 고맙소.

당신도 알다시피 나는 40년간 중등학교 평교사로 근무하다 정년퇴직한 사람이오. 평범한 사람이라고 말하기에는 부끄럽고 부족한 사람이오. 그러나 많은 시간을 즐겁게 살았다고 여기고 있소.

지금도 삶은 즐겁다고 생각하오.

세상에는 어렵고 비참하게 사는 사람이 많소. 그것을 외면하지 않소. 그래서 내가 삶이 즐겁다고 말할 때 겸손하지 못하다는 것도 모르는 바 아니나 운 좋게 나는 행복한 삶을 살고 있소. 한결같은 당신이 내 곁에 있기 때문이오. 늘 편안과 유머를 지니고 나의 편협된 억지를 웃음으로 받아주기 때문이오.

사람 사이에서 작은 정다움이 인간의 품성을 넉넉하게 만든다는 것을 늘 일깨워 주는구려.

얼마 전 사회에서 이름 있는 친구의 부인이 작고했소. 장례를 치루고 위로하고 또 하소연을 들어주기 위해 술과 저녁을 먹었소. 그때 그 친구의 말이 "우리 부부만큼은 위하지 않았지만 우리 부부에 가깝게 서로가 위했다."

고 눈물을 흘렸소. 이건 웬 날벼락이오. 친구가 부인에 대하여 사모하는 마음을 이야기하는 자리에 우리 부부의 이야기가 왜 나온단 말이오.

내가 세 돌 지난 손녀 수아를 데리고 시장에 가면 수아 얘기보다 손녀를 지극히 사랑하는 할아버지가 간다고 소곤거리는 것을 듣소. 당신과 살면서 오는 분위기인 것이오.

지난날 외국에 여행할 때 이국땅의 풍치가 좋아도 5일이 지나면 짜증스럽고 집으로 가고 싶었소. 그러나 퇴직 후 당신과 외국 여행할 때는 보름이고 한 달이고 지겹지 않았소. 당신과 함께 있는 곳이 집이고 가정이었기 때문이오.

우리 아이들 셋의 결혼생활은 친척이나 그의 친구들이 부러워한다고 하오. 부부가 사랑하고 열심히 생활하지 않소? 어떤 이는 그것을 부모에게서 보고 배운 것이라 하지 않소? 조금 낯간지러운 이야기이나 자식들이 그렇게 하라고 한다고 해서 하는 것이 아니지 않소? 고맙게도 우리가 운이 좋은 것이라 생각하오.

나는 당신과 살면서 인간은 사랑스러운 것이다, 인간

은 사랑하는 것이 매우 소중하다는 것을 늘 느끼오.

옛사람의 사상이나 기예가 그 밑바닥에 인간에 대한 깊은 사랑이 없다면 곧 사라진다는 것을 보여주고 있소. 인간을 사랑하는 데 나이는 의미가 없소. 나이가 의미 없으니 자연도 인간도 풍요하다는 것을 깨닫게 해주는구려.

여보! 건강하도록 노력합시다. 조금이라도 아프거나 이상이 있으면 마음에 묻어두지 말고 서로 이야기해요. 같은 말이라도, 몇 번씩이라도 서로 이야기합시다.

늘 얼굴 맞대면서도 마음이 내키면 또 글을 쓰리다.

2006년 6월 27일

여보에게

작가 소개

김 남 주
金 南 珠

1940. 7. 10. 서울 출생 (원적: 강원도 강릉)
1952. 3.~1958. 3. 동덕여자중고등학교 졸업
1958. 4.~1963. 2. 이화여자대학교 국어국문학과 졸업

1963. 8.~1967. 10. 전 교육자료사 출판부 편집 담당
1969. 3.~1998. 7. 전 한국보이스카우트연맹 출판부장, 연구실장, 총무국장, 기획국장

1983. 11. (사)한국잡지협회 특별상 수상
1991. 12. 체육청소년부장관 표창장 수상
1996. 12. 국무총리 표창장 수상
1998. 7. 한국보이스카우트연맹 무궁화금장 수상

2010. (사)대한주부클럽연합회 신사임당예능대회 백일장 수필부문 격려상, 〈사임당문학〉 시문회 회원
2012. 〈현대수필〉 가을호에 수필 '어머니의 삼층장'으로 신인상, 현대수필문인회 회원
2013. 이화여자대학교 동창문인회, 한국수필학회, 한국문인협회 인천지회 회원

김남주 수필집

하나의 반쪽

초판 1쇄 발행 / 2020년 4월 29일

지은이 / 김남주
펴낸이 / 윤미경
펴낸곳 / 도서출판 다인아트
출판등록 1996년 3월 8일 제87호
인천광역시 중구 개항로14 2F
tel. 032+431+0268 / fax. 032+431+0269
e-mail. dainartbook@naver.com
마케팅 / 이승희
디자인 / 장윤미
인 쇄 / 장원인쇄
제 본 / 대한제책

ISBN 978-89-6750-086-3 (03810)